Fale japonês hoje

Fale japonês hoje

Um programa autodidático para o estudo do japonês cotidiano

Taeko Kamiya

Traduzido conforme Paulo Berwanger

Charles E. Tuttle Company
Rutland, Vermont & Tóquio, Japão

Publicado por Charles E. Tuttle Company, Inc.
Matriz: Rutland, Vermont, E.U.A.
Filial: Bunkyo-ku, Suido 1-2-6, Tóquio, Japão

Livro Padrão Internacional Nº 0-8048-1920-3

Primeira impressão (em inglês), 1989
Primeira impressão (em português), 1994

Ilustrado por Fumi Tanaka e Sally Motomura

Impresso no Japão

Índice

Agradecimentos

Sou profundamente grata ao falecido professor Roy Smith da Universidade de Kobe, ao Padre Edward J. Kowrach e às Irmãs dos Nomes Sagrados pela ajuda e apoio a mim prestados, anos atrás. Seus excepcionais padrões e ideais serviram não apenas como fonte de inspiração como encorajaram-me a empreender este projeto.

Sou igualmente agradecida aos alunos e ex-alunos do curso de japonês do Defense Language Institute. Foi seu entusiasmo que me proporcionou o estímulo para conquistar melhores métodos de ensino durante todos esses anos.

E, finalmente, gostaria de expressar minha apreciação para com a Charles E. Tuttle Publishing Company, por ter feito esta publicação possível.

Prefácio

Este livro é destinado àqueles com um pequeno ou nenhum conhecimento de japonês. Quer se esteja viajando, trabalhando ou estudando, estudar japonês é extremamente agradável e gratificante.

Este livro contém vinte lições e dois capítulos para revisão. Cada lição apresenta uma nova lista de vocabulário e um novo diálogo, além de vocabulário adicional e exercícios. Deve-se observar que explicações gramaticais prolongadas foram evitadas, para permitir que o aluno se concentre totalmente nos exemplos de estudo básico e nas expressões de uso diário que vão sendo introduzidas. A variedade de exercícios provê um melhor domínio prático nesta área.

Contendo aproximadamente 500 palavras de uso corrente, este livro facilita o dia-a-dia do leitor no Japão, possibilitando-lhe apresentar-se a outros, embarcar nos trens corretos, ser servido em restaurantes, fazer compras, trocar idéias sobre seus planos de férias, e muito mais. Além disso, à medida que se avança no livro, constrói-se uma base sólida sobre a qual qualquer outro estudo da língua pode ser apoiado.

A prática é a chave do sucesso. É surpreendente o quanto se pode fazer com um vocabulário básico e um número limitado de sentenças. Tudo o que se precisa fazer é usá-los como veículo de comunicação. Boa sorte!

Com meus melhores votos,

A autora

Pronúncia

VOGAIS

A língua japonesa tem cinco vogais, ou sejam: **a**, **i**, **u**, **e**, **o**, pronunciadas de maneira idêntica à do português, como indicado nos exemplos a seguir. Observe que as vogais **e** e **o** nunca são pronunciadas como vogais abertas, mas o **a** pronuncia-se sempre como vogal aberta, mesmo quando seguido de **n** e de outra consoante.

a	como em *a*zul
i	como em *i*lha
u	como em *u*va
e	como em m*e*u
o	como em *o*vo

Os brasileiros, em particular, devem perceber que no japonês o **e** e o **o** devem ser pronunciados sem falta como *e* e *o* (e não como *i* e *u*) no final de uma palavra. Por exemplo, **kamo** significa *pato silvestre* e **kamu** significa *mastigar*, ao passo que **kame** significa *tartaruga* e **kami** quer dizer *papel* ou *divindade*.

Vogais longas — Aquelas cujo som é prolongado como se fossem vogais duplicadas, e que são marcadas neste livro como **â**, **ii**, **û**, **ê** e **ô**. Por ser de mais fácil leitura, neste livro emprega-se **ii** em vez de **î** (i circunflexo).

CONSOANTES

Consoantes duplas tais como em **Nikko** (famoso ponto turístico) e **kitte** (selo postal) são pronunciadas com ênfase, como se com uma pausa entre elas, de modo a deixar claro que são duas as vogais, embora iguais.

Afora isto, as consoantes em japonês são pronunciadas de maneira quase igual às do português. Como exceções, teríamos o **w**, que se pronuncia como um *u*, o **r**, que se pronuncia quase como um *l* (maçã = **ringo** > *lingo*), o **h**, que praticamente equivale a um *r* duplo (flor = **hana** > *rana*), o **g**, que nunca é pronunciado como *j* (banco = **ginkô** > *guinco*), e o **j**, que é pronunciado sempre com um som de *d* na frente (acidente = **jiko** > *djico*), entre outras de menor importância para nós.

SÍLABAS

Todas as sílabas são pronunciadas claramente, praticamente como em português. A única diferença realmente notável é quando a consoante **n** aparece isoladamente, seguida de uma vogal, formando uma sílaba sem incluir a esta última, ou seja, uma sílaba à parte. Os vocábulos **kin'en** (*proibido fumar*) e **hon'ya** (*livraria*) são exemplos disto. O apóstrofo é usado para indicar uma separação entre as duas sílabas. Contudo, a palavra **hon'ya** é muitas vezes escrita como **hon-ya**, tendo em vista que **-ya** é um sufixo, o qual significa *loja*.

SONS JAPONESES

Com a exceção do som do **n**, todos os sons da língua japonesas são compostos de uma vogal ou de uma consoante seguida de uma vogal. Todos os sons são pronunciados distintamente. Por exemplo, **ai** (*amor*) pronuncia-se como **a-i**, e **hyaku** (*cem*) como **hya-ku**.

Todas as sílabas da língua japonesa estão indicadas na tabela a seguir. Depois de estudá-la, pratique pronunciá-las alta e claramente antes de passar aos exercícios desta seção.

a	i	u	e	o
ka	ki	ku	ke	ko
ga	gi	gu	ge	go
sa	shi	su	se	so
za	ji	zu	ze	zo
ta	chi	tsu	te	to
da	—	—	de	do
na	ni	nu	ne	no
ha	hi	fu	he	ho

ba	bi	bu	be	bo
pa	pi	pu	pe	po
ma	mi	mu	me	mo
ya	—	yu	—	yo
ra	ri	ru	re	ro
wa	—	—	—	—
n	—	—	—	—
kya	—	kyu	—	kyo
gya	—	gyu	—	gyo
sha	—	shu	—	sho
ja	—	ju	—	jo
cha	—	chu	—	cho
nya	—	nyu	—	nyo
hya	—	hyu	—	hyo
bya	—	byu	—	byo
pya	—	pyu	—	pyo
mya	—	myu	—	myo
rya	—	ryu	—	ryo

EXERCÍCIOS

Cidades japonesas:

Tô-kyô (Tóquio)
Ô-sa-ka (Osaka)
Kyô-to (Kyoto)
Hi-ro-shi-ma (Hiroshima)

Pratos japoneses:

su-shi (arroz ao vinagre e peixe)
te-n-pu-ra (comida frita em óleo)
sa-shi-mi (peixe cru fatiado)

Esportes japoneses:

su-mô (sumô)
jû-dô (judô)
ke-n-dô (kendô)

Palavras importadas do português:

Po-ru-to-ga-ru (Portugal)
ko-p-pu (copo)
ka-p-pa (capa)
ka-ru-ta (carta)
bu-ra-n-ko (balanço)
bo-bo-ra (abóbora)
sha-bo-n (sabão)
ba-te-re-n (padre)

Palavras importadas do inglês:

A-me-ri-ka (América)
ka-me-ra (câmera)
nyû-su (notícias)
go-ru-fu (golfe)
bii-ru (cerveja)
kô-hii (café)
chi-p-pu* (gorjeta)
sa-k-kâ* (futebol)

* Exemplos de consoantes duplas

OBSERVAÇÕES SOBRE A PONTUAÇÃO USADA NESTE LIVRO

Apresenta-se a seguir uma explicação sobre o emprego de ponto e vírgula e barra neste livro.

Ponto e vírgula: Usada para separar termos curtos.

desu	é; sou; são	**genki**	bem; saudável

Barra: Usada para separar palavras intercambiáveis dentro de uma frase.

Toda-san	Sr./Sra./Srta. Toda (Sr. Toda, Sra. Toda, Srta. Toda)
Itadakimasu.	Receberei./Aceitarei. (Vou receber. Vou aceitar.)

E, também, para separar frases mais longas.

O-genki desu ka?	Como está você?/Você está bem?

1 Como vai você?

VOCABULÁRIO: Decore estas palavras e pronuncie-as claramente em voz alta. Passe então ao diálogo.

Konbanwa.	Boa noite. (ao cumprimentar alguém após anoitecer)
Hajimemashite.	Muito prazer. (ao cumprimentar alguém pela primeira vez)
Dôzo yoroshiku.	O prazer é todo meu. (*lit.*, Seja-me gentil, por favor.)
dôzo	por favor (mais para oferecer do que para pedir algo)
ano	aquele/aquela
hito	pessoa
ano hito	aquela pessoa (ele ou ela)
dare	quem
kochira	esta pessoa/coisa
Satô	(um sobrenome)
Toda-san	Sr./Sra./Srta. Toda
-san	(sufixo honorífico adicionado ao nome, sobrenome ou nome completo de outra pessoa)
Kâtâ-san	Sr./Sra./Srta. Carter
Amerika	Estados Unidos da América

Asahi Shinbun	Jornal Asahi (um dos principais jornais japoneses)
kisha	repórter
wa[1]	(indicador de tópico, sujeito)
desu	é; sou; são
ka?[2]	(indicador de interrogação)
no[3]	do; da; de; para

PONTOS A RECORDAR

1. **SUBSTANTIVO + wa**: quanto a SUBSTANTIVO

   Wa é uma partícula adicionada ao tópico (ou sujeito) de uma frase. O tópico pode ser qualquer coisa — uma pessoa, uma coisa, o tempo — que vem no início da frase. Geralmente, o tópico é seguido por **wa**.

   Exemplo: **Ano hito wa kisha desu.** (Aquela pessoa é um repórter.)

2. **Ka** é um indicador de interrogação. **Ka** no fim de uma frase a torna uma pergunta.

   Exemplo: **Ano kisha wa dare desu ka?** (Quem é aquele repórter?)

3. **SUBSTANTIVO (A) + no + SUBSTANTIVO (B)**: SUBSTANTIVO (B) de SUBSTANTIVO (A)
   [SUBSTANTIVO (A) + **no**] modifica o SUBSTANTIVO (B).

   Exemplo: **Asahi Shinbun no kisha** (um repórter do Jornal Asahi)

4. Em geral, não há distinção entre singular e plural em japonês. Além disso, não se traduzem artigos definidos e indefinidos, tais como "um", "o", "as" e "algum".

5. O sujeito é frequentemente omitido em japonês.

DIÁLOGO: Estude o seguinte diálogo. Pratique até que não mais seja necessário referir-se à parte em japonês.

CARTER:

Konbanwa.
Ano hito wa[1] dare desu ka[2]?

Boa noite. Quem é aquela pessoa? (*lit.*, Quanto àquela pessoa, quem é?)

SATÔ:

Toda-san desu. Ano hito wa Asahi Shinbun no[3] kisha desu.

É a Srta. Toda. Ela é uma[4] repórter do Jornal Asahi.

SATÔ:

Toda-san, kochira wa Amerika no Kâtâ-san desu. Kâtâ-san, kochira wa Asahi Shinbun no Toda-san desu.

Srta. Toda, este é o Sr. Carter dos Estados Unidos. Sr. Carter, esta é a Srta. Toda do Jornal Asahi.

TODA:

Hajimemashite. Toda desu.
Dôzo yoroshiku.

Como vai você? Eu[5] sou Toda. Muito prazer em conhecê-lo.

CARTER:

Hajimemashite. Kâtâ desu.
Dôzo yoroshiku.

Como vai você? Eu sou Carter. É um prazer conhecê-la.

VOCABULÁRIO ADICIONAL: Decore estas novas palavras e pronuncie-as claramente em voz alta. Passe então aos exercícios.

isha	médico
kangofu	enfermeira
kaisha-in	funcionário de companhia
sakka	escritor
sensei	professor
Ohayô gozaimasu.	Bom dia. (até certa hora da manhã)
Konnichiwa.	Bom dia/boa tarde. (depois de certa hora da manhã)
O-yasumi-nasai.	Boa noite. (ao despedir-se de alguém) (*lit.*, Descanse bem.)
O-genki desu ka?	Como vai?/Você está bem?
Hai, genki desu.	Vou bem, obrigado.
o-	(prefixo honorífico usado ao referir-se a outros)
genki	com saúde; bem
Shitsurei shimasu/shimashita.[1]	Desculpe-me por ser/ter sido impolido.
shitsurei	ser impolido
Itadakimasu.[2]	Vou aceitar/receber.
Gochisô-sama deshita.[3]	Estava delicioso.

[1] Diz-se **Shitsurei shimasu** ao sair da mesa enquanto outros ainda estão comendo, ao entrar em dependências alheias ou ao passar na frente de outros. Diz-se **Shitsurei shimashita** ao voltar à sala que se deixou no meio de um encontro ou refeição, ou depois de esbarrar em alguém.

[2] Para expressar gratidão, diz-se **Itadakimasu** ao receber um presente ou algo parecido, e antes de começar a comer ou beber.

[3] **Gochisô-sama deshita** é uma expressão de gratidão que se diz depois de terminar de comer ou beber.

EXERCÍCIOS:

A. Diga em voz alta as seguintes frases em japonês. Pratique até que não seja mais necessário referir-se à parte em japonês.

1. Quem é aquela pessoa?	**Ano hito wa dare desu ka?**
Ela é a Srta. Toda.	**Toda-san desu.**
Ela é repórter.	**Kisha desu.**
Ela é enfermeira.	**Kangofu desu.**
Ela é professora.	**Sensei desu.**
Ela é funcionária de companhia.	**Kaisha-in desu.**
Ela é escritora.	**Sakka desu.**
Ela é médica.	**Isha desu.**
2. Esse é o Sr. Satô do Jornal Asahi.	**Kochira wa Asahi Shinbun no Satô-san desu.**
Essa é a Srta. Toda, de Tóquio.	**Kochira wa Tôkyô no Toda-san desu.**
Essa é a Sra. Carter, dos Estados Unidos.	**Kochira wa Amerika no Kâtâ-san desu.**
3. Bom dia. (cedo da manhã)	**Ohayô gozaimasu.**
Boa tarde. (até entardecer)	**Konnichiwa.**
Boa noite. (após anoitecer)	**Konbanwa.**
Boa noite. (ao despedir-se)	**O-yasumi-nasai.**
Adeus.	**Sayônara.**
Como vai?/Você está bem?	**O-genki desu ka?**
Vou bem, obrigado.	**Hai, genki desu.**
Como vai?/Muito prazer.	**Hajimemashite.**
Prazer em conhecê-lo.	**Dôzo yoroshiku.**
Desculpe-me./Perdoe-me.	**Shitsurei shimasu/shimashita.**
Vou aceitar/receber.	**Itadakimasu.**

Estava delicioso.	**Gochisô-sama deshita.**
Por favor.	**Dôzo.**

B. O que você diria nos seguintes casos?

1. Ao encontrar alguém cedo da manhã.
2. Ao encontrar alguém antes de entardecer.
3. Ao encontrar alguém depois de anoitecer.
4. Ao oferecer uma xícará de chá a alguém.
5. Ao deixar a mesa por um momento.
6. Depois de uma refeição deliciosa.
7. Ao apresentar o Sr. Carter à Srta. Toda.
8. Ao ser apresentado a alguém. (chamando-se Carter)
9. Ao voltar para casa/ir dormir.
10. Ao esbarrar em alguém no corredor.

RESPOSTAS:

B.

1. **Ohayô gozaimasu.**
2. **Konnichiwa.**
3. **Konbanwa.**
4. **Dôzo.**
5. **Shitsurei shimasu.**
6. **Gochisô-sama deshita.**
7. **Toda-san, kochira wa Kâtâ-san desu.**
8. **Hajimemashite. Kâtâ desu. Dôzo yoroshiku.**
9. **O-yasumi-nasai.**
10. **Shitsurei shimashita.**

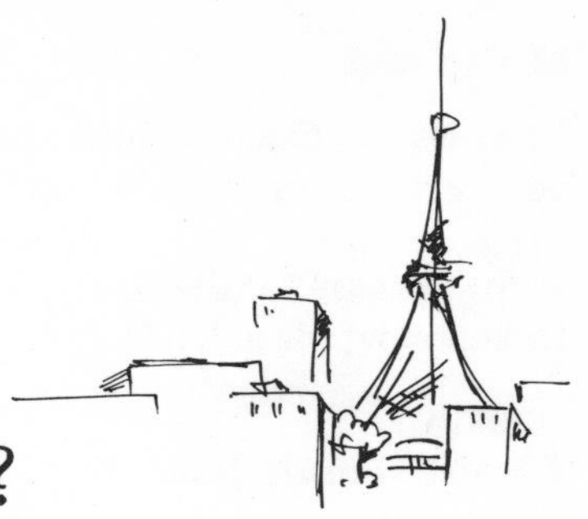

2 O que é aquilo?

VOCABULÁRIO: Decore estas palavras e pronuncie-as claramente em voz alta. Passe então ao diálogo.

doko	onde
made[1]	a/até
are	aquilo
nan(i)[2]	o que
Tôkyô Eki	Estação de Tóquio
Tôkyô	a capital do Japão
eki	estação
Kabuki-za	o Teatro de Kabuki
kabuki	drama tradicional japonês
tatemono	edifício
anata	você
watashi	eu
Amerika-jin	americano (pessoa)
-jin	(sufixo usado para nacionalidade)
kata (polido)	pessoa
Amerika no kata	americano (termo polido para **Amerika-jin**)

DIÁLOGO: Estude o seguinte diálogo. Pratique até que não mais seja necessário referir-se à parte em japonês.

MOTORISTA DE TÁXI:
Doko made[1] (desu ka)? Aonde (você quer ir)?

TURISTA:
Tôkyô Eki made desu. À Estação de Tóquio.

MOTORISTA DE TÁXI:
Anata wa Amerika no kata desu ka? Você é americano? (*lit.*, pessoa dos Estados Unidos)

TURISTA:
Hai, watashi wa Amerika-jin desu. Sim, sou americano.

* * *

TURISTA:
Are wa nan[2] desu ka? O que é aquilo?

MOTORISTA DE TÁXI:
Ano tatemono (desu ka)? Aquele edifício?
Are wa Kabuki-za desu. Aquilo é o Teatro de Kabuki.

PONTOS A RECORDAR

1. **SUBSTANTIVO + made**: a/até SUBSTANTIVO

   Made é usada para indicar um ponto final em tempo ou espaço.

   Exemplo: **Tôkyô Eki made desu.** (À Estação de Tóquio.)

2. Antes de **d**, **t** e **n**, **nani** (o que) torna-se **nan**.

VOCABULÁRIO ADICIONAL: Decore estas novas palavras e pronuncie-as claramente em voz alta. Passe então aos exercícios.

Doitsu	Alemanha
Doitsu-jin	alemão/alemã (pessoa)
Furansu	França
Furansu-jin	francês/francesa (pessoa)
Igirisu	Inglaterra
Igirisu-jin	inglês/inglesa (pessoa)
Nippon/Nihon	Japão
Nippon-jin/Nihon-jin	japonês/japonesa (pessoa)
ginkô	banco
kûkô	aeroporto
taishi-kan	embaixada
Teikoku Hoteru	o Hotel Imperial
hoteru	hotel
kore	isto
kono	este/esta
iie	não

EXERCÍCIOS:

A. Diga em voz alta as seguintes frases em japonês. Pratique até que não seja mais necessário referir-se à parte em japonês.

1. Aonde (você quer ir)?	**Doko made (desu ka)?**
Ao Hotel Imperial.	**Teikoku Hoteru made (desu).**
À Estação de Tóquio.	**Tôkyô Eki made.**
Ao aeroporto.	**Kûkô made.**
2. Você é americano?	**Anata wa Amerika no kata desu ka?**
Você é japonês?	**Anata wa Nihon no kata desu ka?**
Você é francês?	**Anata wa Furansu no kata desu ka?**
3. Sim, sou americano.	**Hai, watashi wa Amerika-jin desu.**
Sim, sou inglês.	**Hai, watashi wa Igirisu-jin desu.**
Sim, sou alemão.	**Hai, watashi wa Doitsu-jin desu.**
4. Você é inglês?	**Anata wa Igirisu no kata desu ka?**
Não, sou francês.	**Iie. Watashi wa Furansu-jin desu.**
Não, sou alemão.	**Iie. Watashi wa Doitsu-jin desu.**
5. O que é aquele edifício?	**Ano tatemono wa nan desu ka?**
Aquilo é o Teatro de Kabuki.	**Are wa Kabuki-za desu.**
Aquilo é um banco.	**Are wa ginkô desu.**

6. O que é este edifício? — **Kono tatemono wa nan desu ka?**

   Isto é o Hotel Imperial. — **Kore wa Teikoku Hoteru desu.**

   Isto é a embaixada. — **Kore wa taishi-kan desu.**

B. Responda às seguintes perguntas usando as palavras indicadas.

1. **Doko made desu ka?**
   (aeroporto)____________________
2. **Anata wa Doitsu no kata desu ka?**
   Hai,____________________
3. **Anata wa Furansu no kata desu ka?**
   (americano) **Iie.**____________________
   (inglês) **Iie.**____________________
4. **Ano tatemono wa nan desu ka?**
   (embaixada) **Are wa**____________________
5. **Kono tatemono wa nan desu ka?**
   (Teatro de Kabuki) **Kore wa**____________________

RESPOSTAS:

B.

1. **Kûkô made desu.**
2. **Hai, watashi wa Doitsu-jin desu.**
3. **Iie. Watashi wa Amerika-jin desu.**
   Iie. Watashi wa Igirisu-jin desu.
4. **Are wa taishi-kan desu.**
5. **Kore wa Kabuki-za desu.**

3 Onde é o banco?

VOCABULÁRIO: Decore estas palavras e pronuncie-as claramente em voz alta. Passe então ao diálogo.

Sumimasen.	Com licença./por favor. (para chamar a atenção de alguém)
â	ah
sô desu	é; certo
Â, sô desu ka?	Ah, é?/É mesmo?
Arigatô.	Obrigado./obrigada.
Dô-itashimashite.	De nada.
asoko	lá
yûbin-kyoku	correio
hon-ya	livraria
hon	livro
-ya	(sufixo empregado para casas comerciais)
mae	frente
~ no mae	em frente a ~
migi	direita
~ no migi	à direita de ~

DIÁLOGO: Estude o seguinte diálogo. Pratique até que não mais seja necessário referir-se à parte em japonês.

TURISTA:
Sumimasen. Por favor.
Ginkô wa doko desu ka? Onde é o banco?

TRANSEUNTE:
Asoko desu. É[1] lá.
Yûbin-kyoku no mae desu. É em frente ao correio.

TURISTA:
Hon-ya wa? E uma livraria?

TRANSEUNTE:
Ginkô no migi desu. À direita do banco.

TURISTA:
Â, sô desu ka? Arigatô. Ah, é? Obrigado.

TRANSEUNTE:
Dô-itashimashite. De nada.

PONTOS A RECORDAR

1. Conforme indicado na Lição 1, o sujeito é frequentemente omitido em japonês.

VOCABULÁRIO ADICIONAL: Decore estas novas palavras e pronuncie-as claramente em voz alta. Passe então aos exercícios.

koko	aqui
hidari	esquerda
~ no hidari	à esquerda de ~
ushiro	atrás
~ no ushiro	atrás de ~
byôin	hospital
eiga-kan	cinema
gakkô	escola
hana-ya	floricultura
pan-ya	padaria
takushii-noriba	ponto de táxi
o-tearai*	lavabo/banheiro
denwa	telefone

*O prefixo honorífico **o-** é principalmente usado para referir-se a outros (conforme indicado na Lição 1), mas também o pode ser para formar expressões polidas para certos objetos na vida diária.

Exemplos: **o-hana** (flor); **o-denwa** (telefone)

EXERCÍCIOS:

A. Diga em voz alta as seguintes frases em japonês. Pratique até que não seja mais necessário referir-se à parte em japonês.

1. Onde é o ponto de táxi?	**Takushii-noriba wa doko desu ka?**
Onde é o banco?	**Ginkô wa doko desu ka?**
Onde é o hospital?	**Byôin wa doko desu ka?**
Onde é o telefone?	**Denwa wa doko desu ka?**
Onde é o banheiro?	**O-tearai wa doko desuka?**
2. É aqui/lá.	**Koko/Asoko desu.**
É à esquerda do correio.	**Yûbin-kyoku no hidari desu.**
É atrás do correio.	**Yûbin-kyoku no ushiro desu.**
É à direita do correio.	**Yûbin-kyoku no migi desu.**
É em frente ao correio.	**Yûbin-kyoku no mae desu.**
3. É em frente à escola.	**Gakkô no mae desu.**
É à direita da padaria.	**Pan-ya no migi desu.**
É à esquerda do cinema.	**Eiga-kan no hidari desu.**
É atrás da floricultura.	**Hana-ya no ushiro desu.**
4. Com licença./Por favor.	**Sumimasen.**
Obrigado./Obrigada.	**Arigatô.**
De nada./Disponha.	**Dô-itashimashite.**
Ah, é?	**Â, sô desu ka?**

B. Preencha os espaços e responda às seguintes perguntas usando as palavras indicadas.

1. **Sumimasen. Ginkô wa doko desu ka?**
   (atrás daquele edifício) **Ano** ______________ **no** ______________ **desu.**
2. **Sumimasen. O-tearai wa doko desu ka?**
   (lá) ______________________________ **desu.**
3. **Takushii-noriba wa doko desu ka?**
   (em frente à estação) ______________ **no** ______________ **desu.**
4. **Eiga-kan wa doko desu ka?**
   (atrás do correio) ______________________________
5. **Denwa wa doko desu ka?**
   (à esquerda da padaria) ______________________________
6. **Hon-ya wa doko desu ka?**
   (à direita da floricultura) ______________________________
7. **Â, sô desu ka?**
   (Obrigado.) ______________________________
8. (De nada.) ______________________________

RESPOSTAS:

B.

1. **tatemono, ushiro**
2. **Asoko**
3. **Eki, mae**
4. **Yûbin-kyoku no ushiro desu.**
5. **Pan-ya no hidari desu.**
6. **Hana-ya no migi desu.**
7. **Arigatô.**
8. **Dô-itashimashite.**

4 A que horas é o próximo Hikari?

VOCABULÁRIO: Decore estas palavras e pronuncie-as claramente em voz alta. Passe então ao diálogo.

Shinkansen	o Shinkansen (o "trem-bala")
Hikari	(nome de um Shinkansen super-expresso)
Hakata-yuki	destinado a Hakata
tsugi	próximo/seguinte
densha	trem
tsugi no densha	próximo trem
~ yo.[1]	mesmo (partícula usada para indicar certeza)
~ ne.[2]	~, né?
nan-ji	a que horas
-ji	(sufixo usado para horas/horas em ponto)
ku-ji[3]	9 horas
nan-ban-sen	qual/que via/plataforma
-ban	(sufixo usado para números ordinais)
-sen	(sufixo usado para vias)
jû-go-ban-sen	plataforma nº 15
Dômo arigatô.[4]	(Muito) Obrigado./Obrigada.

DIÁLOGO: Estude o seguinte diálogo. Pratique até que não mais seja necessário referir-se à parte em japonês.

TURISTA:

Shinkansen wa koko desu ka? — É aqui que se pega o Shinkansen? (*lit.*, O Shinkansen é aqui?)

HOMEM:

Hai, koko desu yo.[1] — É, é aqui mesmo.

TURISTA:

Hakata-yuki wa nan-ji desu ka? — A que horas é o trem para Hakata?

HOMEM:

Hikari desu ne.[2] **Tsugi no densha wa ku-ji**[3] **desu.** — O Hikari, né? O próximo trem é às 9 horas.

TURISTA:

Nan-ban-sen desu ka? — Qual é a plataforma?

HOMEM:

Jû-go-ban-sen desu. — É a plataforma nº 15.

TURISTA:

Dômo arigatô.[4] — Obrigado.

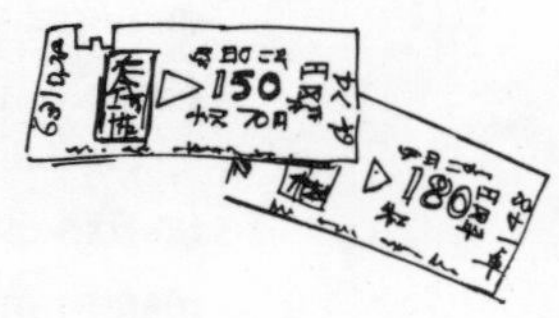

PONTOS A RECORDAR

1. **Yo** é uma partícula usada no fim de uma frase para indicar certeza, dando-lhe ênfase, assim como "mesmo".

   Exemplo: **Asoko desu yo.** (É lá mesmo.)

2. **Ne** é uma partícula usada no fim de uma frase, e tem o mesmo significado que "não é?" ou "né?".

   Exemplo: **Tsugi no densha desu ne.** (O próximo trem, né?)

3. Embora o horário dos trens seja estabelecido no formato de 24 horas, informalmente o formato de 12 horas é mais usado.

   Exemplo: **Ima san-ji desu.** (São 3 horas.)

4. Para dizer "obrigado", pode-se usar **arigatô, dômo** ou **dômo arigatô**. Tendo em vista que **dômo arigatô** é a forma mais polida, recomenda-se esta por ser apropriada a todas as situações.

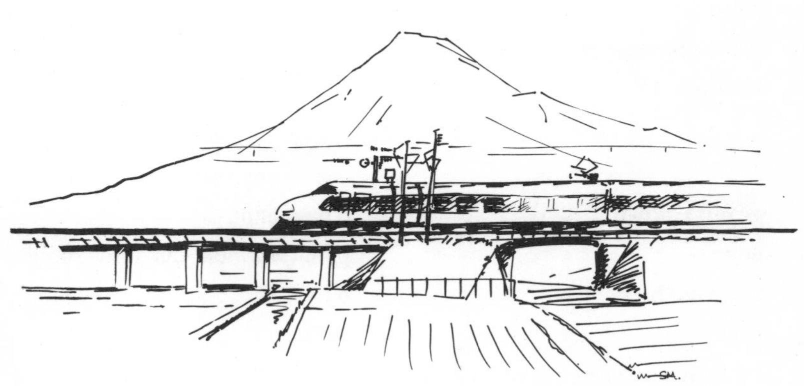

VOCABULÁRIO ADICIONAL: Os números de 11 a 99 são formados pela combinação de dois ou três números. Por exemplo, 11 é a combinação de **jû** (10) e **ichi** (1) e 26 é a de **ni** (2), **jû** (10) e **roku** (6). Pratique-os em voz alta. Passe então a estudar palavras relacionadas com o horário.

Números cardinais

ichi	1	**ku/kyû**	9
ni	2	**jû**	10
san	3	**jû-ichi**	11
shi/yon	4	**jû-ni**	12
go	5	**ni-jû-shi/ni-jû-yon**	24
roku	6	**san-jû-shichi/san-jû-nana**	37
shichi/nana	7	**yon-jû-ku/yon-jû-kyû**	49
hachi	8	**hachi-jû-go**	85

Horas em ponto (-ji)

ichi-ji	1:00	**ku-ji***	9:00
ni-ji	2:00	**jû-ji**	10:00
san-ji	3:00	**jû-ichi-ji**	11:00
yo-ji	4:00	**jû-ni-ji**	12:00
go-ji	5:00	**jû-san-ji**	13:00
roku-ji	6:00	**jû-yo-ji**	14:00
shichi-ji/nana-ji	7:00	**jû-shichi-ji/jû-nana-ji**	17:00
hachi-ji	8:00	**jû-ku-ji**	19:00

gozen	a.m. (*a*ntes do *m*eio-dia; manhã; madrugada)
gozen roku-ji	6 da manhã
gogo	p.m. (*p*ós *m*eio-dia; tarde; noite)
gogo hachi-ji	8 da noite
ima	agora

*Esta palavra aparece no diálogo.

Minutos (-fun/pun)

ip-pun	1 minuto
ni-fun	2 minutos
san-pun	3 minutos
yon-pun	4 minutos
go-fun	5 minutos
rop-pun	6 minutos
shichi-fun/nana-fun	7 minutos
hachi-fun/hap-pun	8 minutos
kyû-fun	9 minutos
jup-pun/jip-pun	10 minutos
jû-go-fun	15 minutos
ni-jup-pun/ni-jip-pun	20 minutos
san-jup-pun/san-jip-pun	30 minutos
gozen jû-ji jû-go-fun	10:15 da manhã
gogo ku-ji san-jup-pun	9:30 da noite
gogo ku-ji-han	9 e meia da noite
-han	meia (-hora passada)

EXERCÍCIOS:

A. Diga em voz alta as seguintes frases em japonês. Pratique até que não seja mais necessário referir-se à parte em japonês.

1. Que horas são?	**Ima nan-ji desu ka?**
São 3:00.	**San-ji desu.**
São 7:00.	**Shichi-ji desu.**
São 9:00.	**Ku-ji desu.**
2. A que horas é o trem para Hakata?	**Hakata-yuki wa nan-ji desu ka?**
A que horas é o trem para Tóquio?	**Tôkyô-yuki wa nan-ji desu ka?**
3. A que horas é o próximo trem?	**Tsugi no densha wa nan-ji desu ka?**
É às 8:00.	**Hachi-ji desu.**
É às 12:00.	**Jû-ni-ji desu.**
É às 13:04.	**Jû-san-ji yon-pun desu.**
É às 16:30.	**Jû-roku-ji san-jup-pun desu.** (ou **Jû-roku-ji san-jip-pun desu.**)
4. Em que plataforma é o próximo Hikari?	**Tsugi no Hikari wa nan-ban-sen desu ka?**
É na nº 15.	**Jû-go-ban-sen desu.**
É na nº 14.	**Jû-yon-ban-sen desu.**
É na nº 19.	**Jû-kyû-ban-sen desu.**
5. A que horas é a escola?	**Gakkô wa nan-ji desu ka?**
Às 8:30 da manhã.	**Gozen hachi-ji-han desu.**
Às 9:05 da manhã.	**Gozen ku-ji go-fun desu.**
Às 10:20 da manhã.	**Gozen jû-ji ni-jup-pun desu.**

6. A que horas é o filme? — **Eiga wa nan-ji desu ka?**
   É à 1:10 da tarde. — **Gogo ichi-ji jup-pun desu.**
   É às 6 e meia da tarde. — **Gogo roku-ji-han desu.**
   É às 7:15 da noite. — **Gogo shichi-ji jû-go-fun desu.**

B. Responda às seguintes perguntas usando as palavras indicadas.

1. **Ima nan-ji desu ka?**
   (8:00)______________________________
2. **Tsugi no densha wa nan-ji desu ka?**
   (11:30)______________________________
3. **Tsugi no Hikari wa nan-ban-sen desu ka?**
   (plataforma nº 17)______________________________
4. **Gakkô wa nan-ji desu ka?**
   (9 e meia da manhã)______________________________
5. **Eiga wa nan-ji desu ka?**
   (7:15 da noite)______________________________
6. **Ôsaka-yuki wa nan-ji desu ka?**
   (16:40)______________________________

RESPOSTAS:

B.

1. **Hachi-ji desu.**
2. **Jû-ichi-ji san-jup-pun desu.** (ou **Jû-ichi-ji-han desu.**)
3. **Jû-nana-ban-sen desu.**
4. **Gozen ku-ji-han desu.**
5. **Gogo shichi-ji jû-go-fun desu.**
6. **Jû-roku-ji yon-jup-pun desu.**

5 Quantas horas leva?

VOCABULÁRIO: Decore estas palavras e pronuncie-as claramente em voz alta. Passe então ao diálogo.

kara[1]	de
~ kara ~ made	de ~ a/até ~
nan-jikan	quantas horas
-jikan	(sufixo usado para horas)
san-jikan	3 horas
yo-jikan	4 horas
de[2]	de; a; em; por meio de
takushii de	de táxi
~ gurai[3]	cerca de ~ (duração aproximada)
jû-go-fun gurai	cerca de 15 minutos
chikai	perto
Ôsaka	(nome de cidade)
Ôsaka-jô	Castelo de Ôsaka
Kodama	(nome de um Shinkansen semi-expresso)

DIÁLOGO: Estude o seguinte diálogo. Pratique até que não mais seja necessário referir-se à parte em japonês.

JONES:

Tôkyô kara[1] Ôsaka made nan-jikan desu ka?

De Tóquio a Ôsaka são quantas horas?

SATÔ:

Hikari wa san-jikan desu. Kodama wa yo-jikan desu.

O Hikari leva 3 horas. O Kodama leva 4 horas.

JONES:

Ôsaka-jo wa eki kara chikai desu ka?

O Castelo de Ôsaka é perto da estação?

SATÔ:

Hai, chikai desu. Takushii de[2] jû-go-fun gurai[3] desu.

É, é perto. São cerca de 15 minutos de táxi.

PONTOS A RECORDAR

1. **SUBSTANTIVO + kara**: de/a partir de SUBSTANTIVO

   Kara é usada para indicar um ponto inicial em tempo ou espaço.

   Exemplo: **Tôkyô kara san-jikan desu.** (De Tóquio são 3 horas.)

   Exemplo: **Kaisha wa ku-ji kara desu.** (A companhia funciona a partir das 9:00.)

   Exemplo: **Kaigi wa gozen hachi-ji kara ku-ji made desu.** (A conferência é das 8:00 às 9:00 da manhã.)

2. **SUBSTANTIVO + de**: de/a/por meio de SUBSTANTIVO

   De é usada para indicar um instrumento ou meio.

   Exemplo: **Takushii de jû-go-fun gurai desu.** (São cerca de 15 minutos de táxi.)

   De tem outra função, a qual é apresentada na Lição 13.

3. **NÚMERO + gurai**
Gurai é adicionada a um número para indicar uma duração aproximada.
Exemplo: **Jû-go-fun gurai desu.** (São cerca de 15 minutos.)

VOCABULÁRIO ADICIONAL: Decore estas novas palavras e pronuncie-as claramente em voz alta. Passe então aos exercícios.

basu	ônibus
chika-tetsu	metrô
fune	navio
hikô-ki	avião
depâto	loja de departamentos
kaisha	companhia
tosho-kan	biblioteca
kaigi	conferência
konsâto	concerto
nan-pun	quantos minutos
tôi	longe

EXERCÍCIOS:

A. Diga em voz alta as seguintes frases em japonês. Pratique até que não seja mais necessário referir-se à parte em japonês.

1. De Tóquio a Ôsaka, quantas horas são?	**Tôkyô kara Ôsaka made, nan-jikan desu ka?**
2. Do aeroporto ao hotel, quantas horas são?	**Kûko kara hoteru made, nan-jikan desu ka?**
3. Daqui ao correio, quantos minutos são?	**Koko kara yûbin-kyoku made, nan-pun desu ka?**
4. Do banco à loja de departamentos, quantos minutos são?	**Ginkô kara depâto made, nan-pun desu ka?**
5. São 10 minutos.	**Jup-pun desu.**
São 45 minutos.	**Yon-jû-go-fun desu.**
São 3 horas.	**San-jikan desu.**
É 1 hora e meia.	**Ichi-jikan-han desu.**
6. É perto/longe da biblioteca?	**Tosho-kan kara chikai/tôi desu ka?**
É perto/longe da companhia?	**Kaisha kara chikai/tôi desu ka?**
É perto/longe da escola?	**Gakkô kara chikai/tôi desu ka?**
7. São 15 minutos de ônibus.	**Basu de jû-go-fun desu.**
São 30 minutos de metrô.	**Chika-tetsu de san-jup-pun desu.**
São cerca de 2 horas de avião.	**Hikô-ki de ni-jikan gurai desu.**
São cerca de 4 horas de navio.	**Fune de yo-jikan gurai desu.**

8. O concerto é das 7 às 9 e meia da noite. — **Konsâto wa gogo shichi-ji kara ku-ji-han made desu.**

9. A conferência é das 2:15 às 4 da tarde. — **Kaigi wa gogo ni-ji jû-go-fun kara yo-ji made desu.**

10. A companhia funciona das 8 da manhã às 5 da tarde. — **Kaisha wa gozen hachi-ji kara gogo go-ji made desu.**

B. Responda às seguintes perguntas usando as palavras indicadas.

1. **Tôkyô kara Ôsaka made nan-jikan desu ka?**
   (3 horas) **Hikari wa** ______________________.
   (4 horas) **Kodama wa** ______________________.
2. **Kaisha wa eki kara chikai desu ka?**
   Hai, ______________. **Iie,** ______________.
3. **Tosho-kan kara depâto made nan-pun desu ka?**
   (cerca de 15 minutos de metrô) ______________________
4. **Hoteru kara kûkô made nan-pun desu ka?**
   (cerca de 30 minutos de ônibus) ______________________
5. **Kaigi wa nan-ji kara nan-ji made desu ka?**
   (das 9 da manhã à 1 e meia da tarde) ______________________

RESPOSTAS:

B.

1. **Hikari wa san-jikan desu. Kodama wa yo-jikan desu.**
2. **Hai, chikai desu. Iie, tôi desu.**
3. **Chika-tetsu de jû-go-fun gurai desu.**
4. **Basu de san-jup-pun gurai desu.**
5. **Gozen ku-ji kara gogo ichi-ji-han made desu.**

6 Qual é o dia do mês?

VOCABULÁRIO: Decore estas palavras e pronuncie-as claramente em voz alta. Passe então ao diálogo.

kyô	hoje
nan-nichi	que dia (do mês)
-nichi	(sufixo usado para dias do mês)
mikka	dia 3
kokonoka	dia 9
jû-hachi-nichi	dia 18
anata no[1]	seu/sua (2ª pessoa)
tanjô-bi (tanjô no hi)	dia de nascimento
-bi	(sufixo usado para dias especiais; **hi**, que significa "dia", quando adicionado a um substantivo, muda para **bi**)
deshita[2]	era; foi (pretérito de desu)
Tanaka	(um sobrenome)
Yamada-san	Sr./Sra./Srta. Yamada

DIÁLOGO: Estude o seguinte diálogo. Pratique até que não mais seja necessário referir-se à parte em japonês.

SMITH: **Kyô wa nan-nichi desu ka?**	Que dia (do mês) é hoje?
TANAKA: **Kokonoka desu.**	É dia nove.
SMITH: **Anata no[1] tanjô-bi wa nan-nichi desu ka?**	Qual é o dia do seu aniversário?
TANAKA: **Jû-hachi-nichi desu.**	É dia dezoito.
SMITH: **Yamada-san no tanjô-bi wa?**	E o aniversário do Sr. Yamada?
TANAKA: **Mikka deshita.[2]**	Foi no dia três.

PONTOS A RECORDAR

1. **SUBSTANTIVO (A) + no + SUBSTANTIVO (B):** SUBSTANTIVO (B) de SUBSTANTIVO (A)

   Quando SUBSTANTIVO (A) é uma pessoa, SUBSTANTIVO (A) + **no** indica sua forma possessiva, ou seja, meu, seu, sua, dele, etc. (*vide* Lição 1)

   Exemplo: **Kyô wa Yamada-san no tanjô-bi desu.**
   (Hoje é o aniversário do Sr. Yamada.)

2. **A wa B deshita:** A foi/era B

   Deshita é o pretérito de **desu.**

   Exemplo: **Kinô wa jû-hachi-nichi deshita.** (Ontem foi dia 18.)

VOCABULÁRIO ADICIONAL: Decore estas palavras relacionadas a tempo e pronuncie-as claramente em voz alta. Passe então aos exercícios.

tsuitachi	(dia) 1º	**jû-shichi-nichi**	(dia) 17
futsuka	2	**jû-hachi-nichi***	18
mikka*	3	**jû-ku-nichi**	19
yokka	4	**hatsuka**	20
itsuka	5	**ni-jû-ichi-nichi**	21
muika	6	**ni-jû-ni-nichi**	22
nanoka	7	**ni-jû-san-nichi**	23
yôka	8	**ni-jû-yokka**	24
kokonoka	9	**ni-jû-go-nichi**	25
tôka	10	**ni-jû-roku-nichi**	26
jû-ichi-nichi	11	**ni-jû-shichi-nichi**	27
jû-ni-nichi	12	**ni-jû-hachi-nichi**	28
jû-san-nichi	13	**ni-jû-ku-nichi**	29
jû-yokka	14	**san-jû-nichi**	30
jû-go-nichi	15	**san-jû-ichi-nichi**	31
jû-roku-nichi	16		

kinô	ontem
ashita	amanhã
kekkon-shiki	cerimônia de casamento
shiki	cerimônia
sotsugyô-shiki	cerimônia de formatura

*Estas palavras aparecem no diálogo.

EXERCÍCIOS:

A. Diga em voz alta as seguintes frases em japonês. Pratique até que não seja mais necessário referir-se à parte em japonês.

1. Que dia do mês é hoje? — **Kyô wa nan-nichi desu ka?**
   Que dia do mês é amanhã? — **Ashita wa nan-nichi desu ka?**
   Que dia é o seu aniversário? — **Anata no tanjô-bi wa nan-nichi desu ka?**
   Que dia é o casamento do Sr. Yamada? — **Yamada-san no kekkon-shiki wa nan-nichi desu ka?**
2. Que dia do mês foi ontem? — **Kinô wa nan-nichi deshita ka?**
   Que dia foi o aniversário da Srta. Tanaka? — **Tanaka-san no tanjô-bi wa nan-nichi deshita ka?**
   Que dia do mês foi a sua formatura? — **Anata no sotsugyô-shiki wa nan-nichi deshita ka?**
3. Hoje é dia 1º. — **Kyô wa tsuitachi desu.**
   Hoje é dia 3. — **Kyô wa mikka desu.**
   Hoje é dia 7. — **Kyô wa nanoka desu.**
4. Amanhã é dia 2. — **Ashita wa futsuka desu.**
   Amanhã é dia 4. — **Ashita wa yokka desu.**
   Amanhã é dia 8. — **Ashita wa yôka desu.**
5. O aniversário da Srta. Yamada é no dia 5. — **Yamada-san no tanjô-bi wa itsuka desu.**
   Meu aniversário é no dia 9. — **Watashi no tanjô-bi wa kokonoka desu.**
   O aniversário do Sr. Tanaka é no dia 12. — **Tanaka-san no tanjô-bi wa jû-ni-nichi desu.**

6. Ontem foi dia 18. — **Kinô wa jû-hachi-nichi deshita.**

   Ontem foi dia 20. — **Kinô wa hatsuka deshita.**

   Ontem foi dia 24. — **Kinô wa ni-jû-yokka deshita.**

7. Minha formatura foi no dia 6. — **Watashi no sotsugyô-shiki wa muika deshita.**

   A formatura da Srta. Tanaka foi no dia 10. — **Tanaka-san no sotsugyô-shiki wa tôka deshita.**

   A formatura do Sr. Yamada foi no dia 30. — **Yamada-san no sotsugyô-shiki wa san-jû-nichi deshita.**

B. Responda às seguintes perguntas usando as palavras indicadas.

1. **Kyô wa nan-nichi desu ka?**

   (5)____________________________

2. **Ashita wa nan-nichi desu ka?**

   (6)____________________________

3. **Kinô wa nan-nichi deshita ka?**

   (4)____________________________

4. **Anata no tanjô-bi wa nan-nichi desu ka?**

   (13)___________________________

5. **Anata no tanjô-bi wa nan-nichi desu ka?**

   (20)___________________________

6. **Anata no tanjô-bi wa nan-nichi desu ka?**

   (1º)___________________________

RESPOSTAS:

B.

1. **(Kyô wa) itsuka desu.**
2. **(Ashita wa) muika desu.**
3. **(Kinô wa) yokka deshita.**
4. **Jû-san-nichi desu.**
5. **Hatsuka deshita.**
6. **Tsuitachi deshita.**

7 Qual é o dia da semana?

VOCABULÁRIO: Decore estas palavras e pronuncie-as claramente em voz alta. Passe então ao diálogo.

nan-yôbi	que dia da semana
-yôbi	(sufixo equivalente a "-feira", usado para *todos* os dias da semana)
getsu-yôbi	segunda-feira
ka-yôbi	terça-feira
sui-yôbi	quarta-feira
Kimura	(um sobrenome)
sôbetsu-kai	festa de despedida
dewa arimasen[1]	não é/sou/são

PONTOS A RECORDAR

1. **A wa B dewa arimasen:** A não é B

   Dewa arimasen é o negativo de **desu.**

   Exemplo: **Kyô wa ka-yôbi dewa arimasen.** (Hoje não é terça-feira.)

   A wa B dewa arimasen deshita: A não foi/era B

   Dewa arimasen deshita é o negativo passado de **desu.**

   Exemplo: **Kinô wa yasumi dewa arimasen deshita.** (Ontem não foi feriado.)

DIÁLOGO: Estude o seguinte diálogo. Pratique até que não mais seja necessário referir-se à parte em japonês.

BROWN:
Kyô wa nan-yôbi desu ka? — Que dia (da semana) é hoje?

KIMURA:
Getsu-yôbi desu. — É segunda-feira.

BROWN:
Yamada-san no sôbetsu-kai wa ka-yôbi desu ka? — A festa de despedida da (para a) Srta. Yamada é terça-feira?

KIMURA:
Iie, ka-yôbi dewa arimasen.[1] **Sui-yôbi desu.** — Não, não é terça-feira. É quarta-feira.

BROWN:
Sui-yôbi wa nan-nichi desu ka? — Que dia (do mês) é quarta-feira?

KIMURA:
Muika desu. — É dia 6.

VOCABULÁRIO ADICIONAL: Decore estas novas palavras e pronuncie-as claramente em voz alta. Passe então aos exercícios.

nichi-yôbi	domingo
getsu-yôbi*	segunda-feira
ka-yôbi	terça-feira
sui-yôbi	quarta-feira
moku-yôbi	quinta-feira
kin-yôbi	sexta-feira
do-yôbi	sábado
kon-shû	esta semana
-shû	semana
rai-shû	semana que vem
sen-shû	semana passada
yasumi	feriado; dia de descanso
kaimono	compras
tenran-kai	exibição

*Estas palavras aparecem no diálogo.

EXERCÍCIOS:

A. Diga em voz alta as seguintes frases em japonês. Pratique até que não seja mais necessário referir-se à parte em japonês.

1. Que dia da semana é hoje?	**Kyô wa nan-yôbi desu ka?**
Que dia da semana é amanhã?	**Ashita wa nan-yôbi desu ka?**
Que dia da semana é (para fazer) compras?	**Kaimono wa nan-yôbi desu ka?**
Que dia da semana é a festa de despedida do Sr. Yamada?	**Yamada-san no sôbetsu-kai wa nan-yôbi desu ka?**

2. Que dia da semana foi ontem?	**Kinô wa nan-yôbi deshita ka?**
Que dia da semana foi a exibição?	**Tenran-kai wa nan-yôbi deshita ka?**
Que dia da semana foi a conferência?	**Kaigi wa nan-yôbi deshita ka?**
3. Hoje é segunda-feira.	**Kyô wa getsu-yôbi desu.**
Hoje é quarta-feira.	**Kyô wa sui-yôbi desu.**
Hoje é sexta-feira.	**Kyô wa kin-yôbi desu.**
4. Ontem foi domingo.	**Kinô wa nichi-yôbi deshita.**
Ontem foi feriado.	**Kinô wa yasumi deshita.**
Ontem foi terça-feira.	**Kino wa kai-yôbi deshita.**
5. A festa de despedida do Sr. Tanaka é esta semana/ na semana que vem.	**Tanaka-san no sôbetsu-kai wa kon-shû/rai-shû desu.**
A festa de despedida do Sr. Tanaka é na quinta-feira desta semana.	**Tanaka-san no sôbetsu-kai wa kon-shû no moku-yôbi desu.**
A festa de despedida do Sr. Tanaka é no sábado da semana que vem.	**Tanaka-san no sôbetsu-kai wa rai-shû no do-yôbi desu.**
6. Hoje não é terça-feira.	**Kyô wa ka-yôbi dewa arimasen.**
Hoje não é dia 5.	**Kyô wa itsuka dewa arimasen.**
Hoje não é a cerimônia de casamento da Srta. Tanaka.	**Kyô wa Tanaka-san no kekkon-shiki dewa arimasen.**

7. Ontem não foi feriado.	**Kinô wa yasumi dewa arimasen deshita.**
Ontem não foi meu aniversário.	**Kinô wa watashi no tanjô-bi dewa arimasen deshita.**
Ontem não foi a formatura do Sr. Kimura.	**Kinô wa Kimura-san no sotsugyô-shiki dewa arimasen deshita.**

B. Responda às seguintes perguntas usando as palavras indicadas.

1. **Kyô wa nan-yôbi desu ka?**
   (terça-feira) ____________________
2. **Kinô wa yasumi deshita ka?**
   Iie, ____________________
3. **Yamada-san no sôbetsu-kai wa nan-yôbi desu ka?**
   (quarta-feira da semana que vem) ____________________
4. **Tsugi no yasumi wa getsu-yôbi desu ka?**
   Iie, ____________________
5. **Sen-shû no do-yôbi wa nan-nichi deshita ka?**
   (dia 6) ____________________
6. **Kaimono wa nan-yôbi desu ka?**
   (sábado desta semana) ____________________

RESPOSTAS:

B.

1. **Kyô wa ka-yôbi desu.**
2. **Iie, (kinô wa) yasumi dewa arimasen deshita.**
3. **(Yamada-san no sôbetsu-kai wa) rai-shû no sui-yôbi desu.**
4. **Iie, getsu-yôbi dewa arimasen.**
5. **Muika deshita.**
6. **Kon-shû no do-yôbi desu.**

8 Quando é a sua viagem?

VOCABULÁRIO: Decore estas palavras e pronuncie-as claramente em voz alta. Passe então ao diálogo.

ii	bom
atatakai	agradável; morno
tenki	tempo
ryokô	viagem
Katô	(um sobrenome)
hitori de	sozinho
hitori	uma pessoa
tomodachi	amigo/amiga
to issho[2]	junto com
itsu	quando
kon-getsu[1]	este mês
-getsu	mês
rai-getsu	mês que vem
go-gatsu[1]	maio
-gatsu	(sufixo equivalente a "-feira", mas usado só para meses)

DIÁLOGO: Estude o seguinte diálogo. Pratique até que não mais seja necessário referir-se à parte em japonês.

KATÔ:
Kyô wa ii tenki desu ne. Hoje o tempo está bom, né?

BAKER:
Atatakai desu ne. Está agradável, né?

KATÔ:
Anata no ryokô wa itsu desu ka? Kon-getsu[1] desu ka? Quando é a sua viagem? É neste mês?

BAKER:
Iie, rai-getsu desu. Go-gatsu[1] desu. Não, é no mês que vem. É (em) maio.

KATÔ:
Hitori desu ka? (Vai) sozinho?

BAKER:
Iie, tomodachi to issho desu. Não, junto com um amigo.

PONTOS A RECORDAR

1. Embora como sufixo de mês empregue-se **-gatsu** como, por exemplo, **go-gatsu** (maio), usa-se **-getsu** para "este mês" e "mês que vem".

2. **SUBSTANTIVO + to issho:** junto com SUBSTANTIVO

   Exemplo: **Tanaka-san to issho desu.** (Junto com o Sr. Tanaka.)

VOCABULÁRIO ADICIONAL: Esta lista inclui os nomes de todos os meses. Decore estas novas palavras e pronuncie-as claramente em voz alta. Passe então aos exercícios.

ichi-gatsu	janeiro
ni-gatsu	fevereiro
san-gatsu	março
shi-gatsu	abril
go-gatsu*	maio
roku-gatsu	junho
shichi-gatsu	julho
hachi-gatsu	agosto
ku-gatsu	setembro
jû-gatsu	outubro
jû-ichi-gatsu	novembro
jû-ni-gatsu	dezembro
sen-getsu	mês passado
atsui	quente
samui	frio
suzushii	fresco
warui	ruim
chichi	(meu) pai (usado para falar de seu próprio pai a pessoas que não são da família)
o-tô-san (polido)	pai de alguém; Pai! (usado ao referir-se ao pai de outrem ou para chamar seu próprio pai)
haha	(minha) mãe
o-kâ-san	mãe de outrem; Mãe!

*Esta palavra aparece no diálogo.

EXERCÍCIOS:

A. Diga em voz alta as seguintes frases em japonês. Pratique até que não seja mais necessário referir-se à parte em japonês.

1. Hoje o tempo está bom, né? — **Kyô wa ii tenki desu ne.**
   Hoje o tempo está ruim, né? — **Kyô wa warui tenki desu ne.**
   Hoje está agradável, né? — **Kyô wa atatakai desu ne.**
   Hoje está quente, né? — **Kyô wa atsui desu ne.**
   Hoje está fresco, né? — **Kyô wa suzushii desu ne.**
   Hoje está frio, né? — **Kyô wa samui desu ne.**

2. Quando é a sua viagem? — **Anata no ryokô wa itsu desu ka?**
   É (n)este mês. — **Kon-getsu desu.**
   É (n)o mês que vem. — **Rai-getsu desu.**
   É (em) março. — **San-gatsu desu.**
   É (em) maio. — **Go-gatsu desu.**
   É (em) outubro. — **Jû-gatsu desu.**

3. Hoje é dia 3 de janeiro.	**Kyô wa ichi-gatsu mikka desu.**
Hoje é dia 20 de junho.	**Kyô wa roku-gatsu hatsuka desu.**
Hoje é dia 4 de julho.	**Kyô wa shichi-gatsu yokka desu.**
Hoje é dia 25 de dezembro.	**Kyô wa jû-ni-gatsu ni-jû-go-nichi desu.**
4. Quando foi a formatura do Sr. Satô?	**Satô-san no sotsugyô-shiki wa itsu deshita ka?**
Foi no dia 14 de abril.	**Shi-gatsu jû-yokka deshita.**
Foi no dia 7 de setembro.	**Ku-gatsu nanoka deshita.**
Foi no dia 12 do mês passado.	**Sen-getsu no jû-ni-nichi deshita.**
5. Vou estar sozinho.	**Watashi wa hitori desu.**
Vou estar com um amigo.	**Watashi wa tomodachi to issho desu.**
Vou estar com meu pai.	**Watashi wa chichi to issho desu.**
Vou estar com minha mãe.	**Watashi wa haha to issho desu.**
Vou estar com o pai da Srta. Toda.	**Watashi wa Toda-san no o-tô-san to issho desu.**
Vou estar com a mãe do Sr. Satô.	**Watashi wa Satô-san no o-kâ-san to issho desu.**

B. Responda às seguintes perguntas usando as palavras indicadas.

1. **Shi-gatsu wa atatakai desu ka?**
   Hai, ____
2. **Anata no tanjô-bi wa itsu desu ka?**
   (dia 18 de abril) ______________________________________
3. **Kimura-san no ryokô wa itsu desu ka?**
   (mês que vem) ______________________________________
4. **Kimura-san wa hitori desu ka?**
   (com um amigo) **Iie,** __________________________________
   (com seu pai) **Iie,** ___________________________________
5. **Tanaka-san no kekkon-shiki wa itsu deshita ka?**
   (dia 6 do mês passado) ________________________________
6. **Ichi-gatsu wa samui desu ka?**
   Hai, ____
7. **Kinô wa ii tenki deshita ka?**
   Iie, ____

RESPOSTAS:

B.

1. **Hai, atatakai desu.**
2. **Shi-gatsu jû-hachi-nichi desu.**
3. **Rai-getsu desu.**
4. **Iie, tomodachi to issho desu.**
   Iie, o-tô-san to issho desu.
5. **Sen-getsu no muika deshita.**
6. **Hai, samui desu.**
7. **Iie, warui tenki deshita.**

9 Tem um restaurante?

VOCABULÁRIO: Decore estas palavras e pronuncie-as claramente em voz alta. Passe então ao diálogo.

ni[1]	em, a
ga[2]	(indicador de sujeito, objeto)
resutoran	restaurante
go-kai	5º andar
-kai	(sufixo usado para andares)
tenpura	empanados à japonesa
ebi	camarão
o-nomimono	bebida
biiru	cerveja
arimasu[3]	tem; há/existe (para objetos inanimados)
gozaimasu (polido)	tem; há/existe (para objetos inanimados)
nan no[4]	que tipo de
O-negai shimasu.	Por favor. (*lit.*, Faço um pedido.)
o-negai	pedido, solicitação
Kashikomarimashita.	Certamente, senhor/senhora. (ao responder a seu empregador ou cliente, significando "Vou fazer como você me pede.")

DIÁLOGO: Estude o seguinte diálogo. Pratique até que não mais seja necessário referir-se à parte em japonês.

TURISTA:
Kono hoteru ni[1] resutoran ga[2] arimasu ka[3]? — Tem um restaurante neste hotel?

FUNCIONÁRIO:
Hai, go-kai ni gozaimasu. — Sim, tem (um) no 5º andar.

* * *

TURISTA:
Tenpura, o-negai shimasu. — Tenpura, por favor.

GARÇONETE:
Nan no[4] tenpura desu ka? — Que tipo de tenpura?

TURISTA:
Ebi no tenpura desu. — Tenpura de camarão.

GARÇONETE:
O-nomimono wa?[5] — E quanto à bebida?/Que tal uma bebida?

TURISTA:
Biiru, o-negai shimasu. — Cerveja, por favor.

GARÇONETE:
Kashikomarimashita. — Sim, senhor.

PONTOS A RECORDAR

1. **SUBSTANTIVO + ni**: em/a SUBSTANTIVO

   Ni é adicionada a um substantivo e indica a localização de alguma coisa.
   Exemplo: **Hoteru ni hon-ya ga arimasu.** (Tem uma livraria no hotel.)

   Ni tem outras funções as quais são discutidas nas Lições 13, 15, 17, 19 e 21.

2. **SUBSTANTIVO + ga**

   Ga é um indicador de sujeito cuja função é indicar que o substantivo precedente é o sujeito da frase.
   Exemplo: **Resutoran ga arimasu.** (Tem/há/existe um restaurante.)

   Wa também indica o sujeito de uma frase mas, em tal caso, o sujeito que o precede é o tópico da frase e, portanto, wa pode ser traduzido como "quanto a ~".
   Exemplo: **Hon ga arimasu.** (Tem um livro.)
   Hon wa watashi no (hon) desu. (Quanto ao livro, é meu.)

3. **SUBSTANTIVO + ga arimasu ka?**: Tem/há/existe SUBSTANTIVO?

   Exemplo: **Eki ni denwa ga arimasu ka?** (Tem um telefone na estação?)

4. **Nan no + SUBSTANTIVO**: que tipo de SUBSTANTIVO

   Exemplo: **Nan no zasshi desu ka?** (Que tipo de revista é?)

5. **Wa**, usado desta maneira, transforma a frase em interrogação.

VOCABULÁRIO ADICIONAL: Decore estas novas palavras e pronuncie-as claramente em voz alta. Passe então aos exercícios.

kamera-ya	loja de material fotográfico
kissaten	casa de chá (café)
ryokô-sha	agência de viagens
chika	subsolo
maguro	atum
sashimi	peixe cru fatiado
maguro no sashimi	atum cru fatiado
sake	bebida alcoólica em geral ou a tradicional de arroz fermentado
wain	vinho
shashin	fotografia
zasshi	revista
supôtsu	esporte

EXERCÍCIOS:

A. Diga em voz alta as seguintes frases em japonês. Pratique até que não seja mais necessário referir-se à parte em japonês.

1. Tem um restaurante neste hotel?	**Kono hoteru ni resutoran ga arimasu ka?**
Tem uma casa de chá neste hotel?	**Kono hoteru ni kissaten ga arimasu ka?**
Tem uma loja de material fotográfico neste hotel?	**Kono hoteru ni kamera-ya ga arimasu ka?**
Tem uma agência de viagens neste hotel?	**Kono hoteru ni ryokô-sha ga arimasu ka?**

2. Sim, tem (uma) no 5º andar.	**Hai, go-kai ni gozaimasu.**
Sim, tem (uma) no 7º andar.	**Hai, nana-kai ni gozaimasu.**
Sim, tem (uma) no subsolo.	**Hai, chika ni gozaimasu.**
3. Tenpura, por favor.	**Tenpura, o-negai shimasu.**
Sashimi, por favor.	**Sashimi, o-negai shimasu.**
Cerveja, por favor.	**Biiru, o-negai shimasu.**
Vinho, por favor.	**Wain, o-negai shimasu.**
Sake, por favor.	**Sake, o-negai shimasu.**
4. De que é a tenpura?	**Nan no tenpura desu ka?**
De que é o sashimi?	**Nan no sashimi desu ka?**
De que é a fotografia?	**Nan no shashin desu ka?**
De que é a revista?	**Nan no zasshi desu ka?**
5. É tenpura de camarão.	**Ebi no tenpura desu.**
É sashimi de atum.	**Maguro no sashimi desu.**
É (uma) revista de esportes.	**Supôtsu no zasshi desu.**
É (uma) revista de fotografia.	**Shashin no zasshi desu.**

B. Responda às seguintes perguntas usando as palavras indicadas.

1. **Kono hoteru ni ryokô-sha ga arimasu ka?**
   (no subsolo) **Hai,** ______________________ **gozaimasu.**
2. **Kono depâto ni kissaten ga arimasu ka?**
   (no 5º andar) **Hai,** ______________________
3. **Kono tatemono ni kamera-ya ga arimasu ka?**
   (no 7º andar) **Hai,** ______________________

C. Peça o seguinte:

1. cerveja
2. empanados de camarão
3. atum cru fatiado
4. vinho

RESPOSTAS:

B.

1. **Hai, chika ni gozaimasu.**
2. **Hai, go-kai ni gozaimasu.**
3. **Hai, nana-kai ni gozaimasu.**

C.

1. **Biiru, o-negai shimasu.**
2. **Ebi no tenpura, o-negai shimasu.**
3. **Maguro no sashimi, o-negai shimasu.**
4. **Wain, o-negai shimasu.**

10 Quantas mesas tem?

VOCABULÁRIO: Decore estas palavras e pronuncie-as claramente em voz alta. Passe então ao diálogo.

Ôta	(um sobrenome)
heya	quarto; sala
kaigi-shitsu	sala de reunião
têburu	mesa
isu	cadeira
haizara	cinzeiro
matchi	palito de fósforo
ikutsu[1]	quantos/quantas (para coisas)
futatsu	dois/duas
yottsu	quatro
tô	dez
arimasen[2]	não tem; não há/existe (para objetos inanimados)

DIÁLOGO: Estude o seguinte diálogo. Pratique até que não mais seja necessário referir-se à parte em japonês.

HART:
Ano heya wa nan desu ka? — O que é aquela sala?

ÔTA:
Kaigi-shitsu desu. — É uma sala de reunião.

HART:
Kaigi-shitsu ni têburu ga ikutsu[1] arimasu ka? — Quantas mesas tem na sala de reunião?

ÔTA:
Futatsu arimasu. — Tem duas.

HART:
Isu ga ikutsu arimasu ka? — Quantas cadeiras tem?

ÔTA:
Tô arimasu. — Tem dez.

HART:
Haizara ga arimasu ka? — Tem cinzeiros?

ÔTA:
Hai, yottsu arimasu. — Tem, tem quatro.

HART:
Matchi wa? — E fósforos?

ÔTA:
Matchi wa arimasen[2]. — Não tem fósforos.

PONTOS A RECORDAR

1. **SUBSTANTIVO + ga + ikutsu arimasu ka?:** Quantos SUBSTANTIVO tem?

   Exemplo: **Isu ga ikutsu arimasu ka?** (Quantas cadeiras tem?)

2. **SUBSTANTIVO + wa arimasen:** Não tem SUBSTANTIVO

   Wa é frequentemente usado em frases negativas para contrastar uma idéia negativa com uma positiva.

   Exemplo: **Haizara ga arimasu. Matchi wa arimasen.**
   (Tem cinzeiros. [Mas] Não tem fósforos.)

VOCABULÁRIO ADICIONAL: Em japonês, há dois tipos de numerais, ou sejam, os números normais, **ichi, ni, san**, etc., apresentados na Lição 4, e os que estão indicados a seguir. Para contar objetos, use este tipo de números (**hitotsu, futatsu, mittsu**, etc.) de 1 a 10, continuando a partir de 11 com os números normais já estudados.

Decore estas novas palavras e pronuncie-as claramente em voz alta. Passe então aos exercícios.

hitotsu	um/uma
futatsu*	dois/duas
mittsu	três
yottsu*	quatro
itsutsu	cinco
muttsu	seis
nanatsu	sete
yattsu	oito
kokonotsu	nove
tô*	dez
~ no ue ni	em cima de ~
~ no naka ni	em/dentro de ~
hako	caixa
koppu	copo
ringo	maçã
tsukue	escrivaninha

*Estas palavras aparecem no diálogo.

EXERCÍCIOS:

A. Diga em voz alta as seguintes frases em japonês. Pratique até que não seja mais necessário referir-se à parte em japonês.

1. Quantas mesas tem na sala?	**Heya ni têburu ga ikutsu arimasu ka?**
Tem duas.	**Futatsu arimasu.**
Tem quatro.	**Yottsu arimasu.**
Tem uma.	**Hitotsu arimasu.**
2. Quantas cadeiras tem na sala de conferência?	**Kaigi-shitsu ni isu ga ikutsu arimasu ka?**
Tem sete.	**Nanatsu arimasu.**
Tem nove.	**Kokonotsu arimasu.**
Tem doze.	**Jû-ni arimasu.**
3. Quantos cinzeiros tem na escrivaninha?	**Tsukue no ue ni haizara ga ikutsu arimasu ka?**
Tem três.	**Mittsu arimasu.**
Tem seis.	**Muttsu arimasu.**
Tem dez.	**Tô arimasu.**
4. Quantas maçãs tem dentro da/na caixa?	**Hako no naka ni ringo ga ikutsu arimasu ka?**
Tem cinco.	**Itsutsu arimasu.**
Tem oito.	**Yattsu arimasu.**
Tem vinte.	**Ni-jû arimasu.**
5. Não tem revistas.	**Zasshi wa arimasen.**
Não tem cinzeiros.	**Haizara wa arimasen.**
Não tem fósforos.	**Matchi wa arimasen.**

B. Responda às seguintes perguntas usando as palavras indicadas.

1. **Têburu no ue ni ringo ga ikutsu arimasu ka?**
   (sete) ______________________________
2. **Haizara ga ikutsu arimasu ka?**
   (oito) ______________________________
3. **Matchi wa?**
   (nenhum) ______________________________
4. **Kaigi-shitsu ni isu ga ikutsu arimasu ka?**
   (doze) ______________________________
5. **Tsukue no ue ni kippu ga ikutsu arimasu ka?**
   (três) ______________________________
6. **Hako no naka ni ringo ga ikutsu arimasu ka?**
   (vinte) ______________________________

RESPOSTAS:

B.

1. **Nanatsu arimasu.**
2. **Yattsu arimasu.**
3. **Matchi wa arimasen.**
4. **Jû-ni arimasu.**
5. **Mittsu arimasu.**
6. **Ni-jû arimasu.**

11 Quantas pessoas tem?

VOCABULÁRIO: Decore estas palavras e pronuncie-as claramente em voz alta. Passe então ao diálogo.

otoko no hito	homem
otoko	masculino (pessoa)
onna no hito	mulher
onna	feminino (pessoa)
hisho	secretária
eigyô-bu	departamento de vendas
nan-nin	quantas pessoas
-nin	(sufixo usado para pessoas)
roku-nin	6 pessoas
ku-nin	9 pessoas
jû-go-nin	15 pessoas
minna	todos/todas
wakai	jovem
imasu[1]	tem; há/existe (para objetos animados)

DIÁLOGO: Estude o seguinte diálogo. Pratique até que não mais seja necessário referir-se à parte em japonês.

HART:
Asoko wa nan desu ka? O que é aquilo?

ÔTA:
Asoko desu ka? Lá?
Eigyô-bu desu. É o departamento de vendas.

HART:
Ano heya ni hito ga nan-nin imasu ka?[1] Quantas pessoas tem naquela sala?

ÔTA:
Jû-go-nin imasu. Otoko no hito ga ku-nin imasu. Onna no hito ga roku-nin imasu. Tem quinze pessoas. Tem nove homens. Tem seis mulheres.

HART:
Hisho ga imasu ka? Tem uma secretária?

ÔTA:
Hai, imasu. Wakai onna no hito desu. Onna no hito wa minna wakai desu. Sim, tem. Ela é moça. As mulheres são todas jovens.

PONTOS A RECORDAR

1. **SUBSTANTIVO + ga + nan-nin imasu ka?:** Quantos SUBSTANTIVO tem?

   Exemplo: **Onna no hito ga nan-nin imasu ka?**
   (Quantas mulheres tem?)

VOCABULÁRIO ADICIONAL: Decore estas novas palavras e pronuncie-as claramente em voz alta. Passe então aos exercícios.

Pessoas (-nin)

hitori	1 pessoa
futari	2 pessoas
san-nin	3 pessoas
yo-nin	4 pessoas
go-nin	5 pessoas
roku-nin*	6 pessoas
shichi-nin/nana-nin	7 pessoas
hachi-nin	8 pessoas
ku-nin*/kyû-nin	9 pessoas
jû-nin	10 pessoas
jû-ichi-nin	11 pessoas
yon-jû-nin	40 pessoas
kyû-jû-nin	90 pessoas
hyaku-nin	100 pessoas
takusan	muitos (pessoas/coisas)
imasen	não tem; não há/existe (para objetos animados)

*Estas palavras aparecem no diálogo.

EXERCÍCIOS:

A. Diga em voz alta as seguintes frases em japonês. Pratique até que não seja mais necessário referir-se à parte em japonês.

1. Quantas pessoas tem na companhia?	**Kaisha ni hito ga nan-nin imasu ka?**
Quantas pessoas tem no departamento de vendas?	**Eigyô-bu ni hito ga nan-nin imasu ka?**
Quantas pessoas tem na sala de reunião?	**Kaigi-shitsu ni hito ga nan-nin imasu ka?**
2. Quantas pessoas tem naquela sala?	**Ano heya ni hito ga nan-nin imasu ka?**
Tem quinze.	**Jû-go-nin imasu.**
Tem vinte e seis.	**Ni-jû-roku-nin imasu.**
Tem muitas.	**Takusan imasu.**
3. Quantos homens tem no departamento de vendas?	**Eigyô-bu ni otoko no hito ga nan-nin imasu ka?**
Tem nove.	**Ku-nin/kyû-nin imasu.**
Tem sete.	**Nana-nin/shichi-nin imasu.**
Tem uns dez.	**Jû-nin gurai imasu.**
4. Quantas mulheres tem no restaurante?	**Resutoran ni onna no hito ga nan-nin imasu ka?**
Tem duas.	**Futari imasu.**
Tem oito.	**Hachi-nin imasu.**
Tem umas quatorze.	**Jû-yo-nin gurai imasu.**
5. Não tem secretárias.	**Hisho wa imasen.**
Não tem homens jovens.	**Wakai otoko no hito wa imasen.**
Não tem bons médicos.	**Ii isha wa imasen.**

6. Os repórteres são todos bons. — **Kisha wa minna ii desu.**
   Os professores são todos jovens. — **Sensei wa minna wakai desu.**

B. Responda às seguintes perguntas usando as palavras indicadas.

1. **Anata no kaisha ni hito ga nan-nin imasu ka?**
   (uns cem) ____________________
2. **Kaigi-shitsu ni otoko no hito ga nan-nin imasu ka?**
   (oito) ____________________
3. **Onna no hito wa?**
   (nenhuma) ____________________
4. **Eigyô-bu ni hisho ga nan-nin imasu ka?**
   (uma) ____________________
5. **Ano heya ni sensei ga nan-nin imasu ka?**
   (uns quatro) ____________________
6. **Sensei wa minna wakai desu ka?**
   Hai, ____________________

RESPOSTAS:

B.

1. **Hyaku-nin gurai imasu.**
2. **Hachi-nin imasu.**
3. **Imasen.**
4. **Hitori imasu.**
5. **Yo-nin gurai imasu.**
6. **Hai, minna wakai desu.**

12 Exercícios para revisão

As seguintes frases estão abrangidas pelas Lições 1 a 11. Antes de passar à Lição 13, pratique em voz alta as seguintes frases em japonês até que não seja mais necessário referir-se à parte em japonês.

1. Bom dia.	**Ohayô gozaimasu.**
Como vai?/Você está bem?	**O-genki desu ka?**
Vou bem, obrigado.	**Hai, genki desu.**
2. Como vai?/Muito prazer.	**Hajimemashite.**
O prazer é todo meu.	**Dôzo yoroshiku.**
3. Obrigado./Obrigada.	**Dômo arigatô.**
De nada./Disponha.	**Dô-itashimashite.**
4. Por favor (oferecendo).	**Dôzo.**
Vou aceitar./Obrigado.	**Itadakimasu.**
Estava delicioso.	**Gochisô-sama deshita.**
5. Quem é aquela pessoa?	**Ano hito wa dare desu ka?**
É o Sr. Yamada.	**Yamada-san desu.**
6. Você é o Sr. Carter?	**Anata wa Kâtâ-san desu ka?**
Sim, sou o Carter.	**Hai, Kâtâ desu.**

7. Você é americano? — **Anata wa Amerika no kata desu ka?**

Sim, eu sou americano. — **Hai, watashi wa Amerika-jin desu.**

8. A Srta. Toda é professora? — **Toda-san wa sensei desu ka?**

Não, (a Srta. Toda) é enfermeira. — **Iie, (Toda-san wa) kangofu desu.**

9. O que é aquele edifício? — **Ano tatemono wa nan desu ka?**

Aquilo é o Hotel Imperial. — **Are wa Teikoku Hoteru desu.**

10. Onde é o correio? — **Yûbin-kyoku wa doko desu ka?**

Na frente da estação. — **Eki no mae desu.**

11. Que horas são agora? — **Ima nan-ji desu ka?**

São 9:00. — **Ku-ji desu.**

12. A que horas é o próximo trem? — **Tsugi no densha wa nan-ji desu ka?**

É às 10:15. — **Jû-ji jû-go-fun desu.**

13. Qual é a plataforma do trem para Osaka? — **Ôsaka-yuki wa nan-ban-sen desu ka?**

É a plataforma nº 6. — **Roku-ban-sen desu.**

14. Daqui ao aeroporto, quantas horas leva? — **Koko kara kûkô made, nan-jikan desu ka?**

Leva cerca de uma hora e meia. — **Ichi-jikan-han gurai desu.**

15. Da embaixada à biblioteca, quantos minutos leva? — **Taishi-kan kara tosho-kan made nan-pun desu ka?**

Leva cerca de 8 minutos de táxi. — **Takushii de hachi-fun gurai desu.**

16. O concerto é das 7:00 às 9:00 da noite.	**Konsâto wa gogo shichi-ji kara ku-ji made desu.**
17. O Teatro de Kabuki é perto daqui?	**Kabuki-za wa koko kara chikai desu ka?**
Não, é longe.	**Iie, tôi desu.**
18. Que dia do mês é hoje?	**Kyô wa nan-nichi desu ka?**
É dia 5.	**Itsuka desu.**
19. Hoje o tempo está bom, né?	**Kyô wa ii tenki desu ne.**
Está agradável, né?	**Atatakai desu ne.**
20. Que dia foi a cerimônia de sua formatura?	**Anata no sotsugyô-shiki wa nan-nichi deshita ka?**
Foi no dia 14.	**Jû-yokka deshita.**
21. Que dia da semana é a cerimônia de casamento da Srta. Toda?	**Toda-san no kekkon-shiki wa nan-yôbi desu ka?**
É quarta-feira da semana que vem.	**Rai-shû no sui-yôbi desu.**
22. A festa de despedida do Sr. Kimura é nesta semana?	**Kimura-san no sôbetsu-kai wa kon-shû desu ka?**
Não, não é nesta semana.	**Iie, kon-shû dewa arimasen.**
23. Quando é a sua viagem?	**Anata no ryokô wa itsu desu ka?**
É (em) junho.	**Roku-gatsu desu.**
24. Você vai (está/estará) sozinho?	**Hitori desu ka?**
Não, vou junto com minha mãe.	**Iie, haha to issho desu.**

25. Tem um café nesta loja de departamentos? — **Kono depâto ni kissaten ga arimasu ka?**

Sim, tem (um) no segundo andar. — **Hai, ni-kai ni arimasu/ gozaimasu.**

26. Sashimi, por favor. — **Sashimi, o-negai-shimasu.**

Sashimi de quê? — **Nan no sashimi desu ka?**

Sashimi de atum. — **Maguro no sashimi desu.**

27. Quantas cadeiras tem na sala de reunião? — **Kaigi-shitsu ni isu ga ikutsu arimasu ka?**

Tem nove. — **Kokonotsu arimasu.**

28. Tem cinzeiros na mesa? — **Têburu no ue ni haizara ga arimasu ka?**

Não, não tem cinzeiro. — **Iie, haizara wa arimasen.**

29. Quantas pessoas estão naquela sala? — **Ano heya ni hito ga nan-nin imasu ka?**

Tem cerca de 20 pessoas. — **Ni-jû-nin gurai imasu.**

30. A Srta. Ôta é jovem? — **Ôta-san wa wakai desu ka?**

Sim, ela é jovem. — **Hai, wakai desu.**

31. A Sra. Tanaka é boa secretária? — **Tanaka-san wa ii hisho desu ka?**

Sim, ela é boa secretária. — **Hai, ii hisho desu.**

13 Aonde você vai?

VOCABULÁRIO: Decore estas palavras e pronuncie-as claramente em voz alta. Passe então ao diálogo.

Kyôto	(antiga capital do Japão)
o-tera	templo budista
sore-kara	depois disso; então
e[1]	para; a (lugar)
ni[3]	às; a (tempo); (estar) em
de[4]	(ação) em (lugar)
o[5]	(indicador de objeto)
ikimasu[2] **(iku)***	ir
kaerimasu (kaeru)*	voltar
tomarimasu (tomaru)*	pernoitar; ficar
tomarimasen[6]	não pernoitar
mimasu (miru)*	ver; observar; olhar
shimasu (suru)*	fazer

* As palavras entre parênteses correspondem ao infinitivo dos verbos (e são as que aparecem nos dicionários). Os verbos são explicados brevemente na página 84.

DIÁLOGO: Estude o seguinte diálogo. Pratique até que não mais seja necessário referir-se à parte em japonês.

SATÔ:	
Anata wa ashita doko e[1] ikimasu[2] ka?	Aonde você vai amanhã?
PARKER:	
Kyôto e ikimasu.	Vou à Kyôto.
SATÔ:	
Nan-ji ni[3] ikimasu ka?	A que horas você vai?
PARKER:	
Gozen ku-ji ni ikimasu.	Vou às 9:00 da manhã.
SATÔ:	
Kyôto de[4] nani o[5] shimasu ka?	O que você vai fazer em Kyôto?
PARKER:	
O-tera o mimasu. Sore-kara kaimono o shimasu.	Vou ver templos. Depois disso, vou fazer compras.
SATÔ:	
Hoteru ni tomarimasu ka?	Você vai pernoitar em um hotel?
PARKER:	
Iie, tomarimasen.[6] Gogo hachi-ji ni kaerimasu.	Não, não vou pernoitar. Volto às 8:00 da noite.

PONTOS A RECORDAR

1. **SUBSTANTIVO + e:** a SUBSTANTIVO

   E é uma partícula utilizada para indicar direção/sentido.

   Exemplo: **Watashi wa Kyôto/ginkô e ikimasu.**
   (Vou a Kyôto/ao banco.)

2. A forma **-masu** do verbo é utilizada tanto para o presente como para o futuro.

   Exemplo: **Yûbin-kyoku e ikimasu.** (Vou/irei ao correio.)

3. **SUBSTANTIVO + ni**: às/em SUBSTANTIVO

   Ni é adicionada a um substantivo relativo a tempo e indica um ponto no tempo.

   Exemplo: **Hachi-ji ni ikimasu.** (Vou às 8:00.)
   Do-yôbi ni kaerimasu. (Volto no sábado.)

4. **SUBSTANTIVO + de**: em SUBSTANTIVO

   De é adicionada a um substantivo relativo a tempo para indicar onde uma ação acontece.

   Exemplo: **Heya de tabemasu.** (Como no quarto.)

5. **SUBSTANTIVO + o shimasu**: faço/vou fazer SUBSTANTIVO

   Utilizada como indicador de objeto, a partícula **o** é adicionada a um substantivo que é objeto direto de um verbo.

   Exemplo: **Hon o yomimasu.** (Leio um livro.)

   Note que a partícula **o** pode ser substituída por **wa** em negações.

   Exemplo: **Zasshi wa yomimasen.** (Não leio revistas.)

6. A terminação **-masen** indica uma negação.

   Exemplo: **Kaimasen** (não compro/não vou comprar)

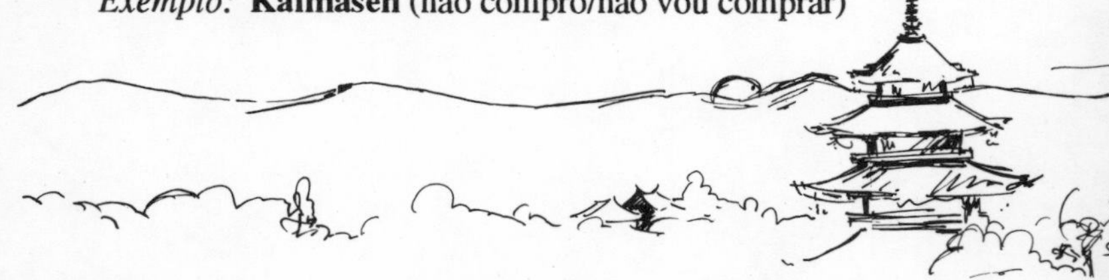

VOCABULÁRIO ADICIONAL: Decore estas novas palavras e pronuncie-as claramente em voz alta. Passe então aos exercícios.

asa-gohan	café da manhã
asa	manhã
gohan	refeição; arroz cozido
hiru-gohan	almoço
hiru	meio-dia; dia claro
ban-gohan	jantar; ceia
ban	entardecer; noite
kô-cha	chá preto
kôhii	café
o-cha	chá verde
o-miyage	lembrança
bijutsu-kan	museu de arte
kaimasu (kau)	comprar
nomimasu (nomu)	beber; tomar
yomimasu (yomu)	ler
okimasu (okiru)	levantar; acordar
nemasu (neru)	deitar; ir dormir
tabemasu (taberu)	comer

VERBOS JAPONESES

Os verbos japoneses podem ser divididos em três grupos: regulares, semi-regulares e irregulares. Os verbos podem ser reconhecidos de acordo com o seguinte:

1. O infinitivo dos verbos regulares é terminado por uma consoante + **u**.

   Exemplo: **iku** (ir)
   yomu (ler)

2. O infinitivo dos verbos semi-regulares é terminado em **-eru** ou **-iru**.

   Exemplo: **taberu** (comer)
   miru (ver; observar; olhar)

3. Só há dois verbos irregulares, **kuru** (vir) e **suru** (fazer), e estes são seus infinitivos (que podem ser encontrados nos dicionários).

   Neste livro, os verbos regulares, semi-regulares e irregulares são classificados como Grupo 1, Grupo 2 e Grupo 3, respectivamente. Os verbos usados nesta lição correspondem aos grupos abaixo indicados.

GRUPO 1	GRUPO 2	GRUPO 3
iku (ir)	**taberu** (comer)	**suru** (fazer)
tomaru (pernoitar)	**neru** (deitar)	
nomu (beber)	**miru** (ver)	
yomu (ler)	**okiru** (levantar)	
ka(w)u* (comprar)		
kaeru** (voltar)		

* No japonês moderno, a consoante **w** não mais existe na frente de vogal alguma, com exceção da **a**. Isto afeta a forma negativa de verbos tais como **kau**, como discutido na Lição 21.

** Alguns verbos terminados em **-eru/-iru** pertencem ao Grupo 1.

Da forma V-masu

As formas V-masu dos verbos são feitas da seguinte maneira:

1. Verbos do Grupo 1

O **-u** muda para **i** e acrescenta-se **-masu**.

Exemplo:	**iku**	**+ i + masu**	→	**ikimasu**
	tomaru	**+ i + masu**	→	**tomarimasu**
	nomu	**+ i + masu**	→	**nomimasu**
	yomu	**+ i + masu**	→	**yomimasu**
	kau	**+ i + masu**	→	**kaimasu**
	kaeru	**+ i + masu**	→	**kaerimasu**

2. Verbos do Grupo 2

O **-ru** é eliminado e acrescenta-se **-masu**.

Exemplo:	**taberu**	**+ masu**	→	**tabemasu**
	neru	**+ masu**	→	**nemasu**
	miru	**+ masu**	→	**mimasu**
	okiru	**+ masu**	→	**okimasu**

3. Verbos do Grupo 3

suru	→	**shimasu**
kuru	→	**kimasu**

EXERCÍCIOS:

A. Diga em voz alta as seguintes frases em japonês. Pratique até que não seja mais necessário referir-se à parte em japonês.

1. Aonde você vai amanhã?	**Anata wa ashita doko e ikimasu ka?**
Vou a Kyôto.	**Kyôto e ikimasu.**
Vou ao hospital.	**Byôin e ikimasu.**

Vou ao templo.	**O-tera e ikimasu.**
Vou ao museu de arte.	**Bijutsu-kan e ikimasu.**
2. A que horas você vai?	**Nan-ji ni ikimasu ka?**
A que horas você volta?	**Nan-ji ni kaerimasu ka?**
A que horas você levanta?	**Nan-ji ni okimasu ka?**
A que horas você deita?	**Nan-ji ni nemasu ka?**
3. O que você vai fazer em Kyôto?	**Kyôto de nani o shimasu ka?**
O que você vai comer no restaurante?	**Resutoran de nani o tabemasu ka?**
O que você vai ver no museu de arte?	**Bijutsu-kan de nani o mimasu ka?**
O que você vai comprar na loja de departamentos?	**Depâto de nani o kaimasu ka?**
O que você vai beber na casa de chá?	**Kissaten de nani o nomimasu ka?**
O que você vai ler na sala?	**Heya de nani o yomimasu ka?**
4. Eu vou fazer compras em Kyôto.	**Kyôto de kaimono o shimasu.**
Eu vou almoçar no restaurante.	**Resutoran de hiru-gohan o tabemasu.**
Eu vou ver fotografias no museu de arte.	**Bijutsu-kan de shashin o mimasu.**
Eu vou comprar lembranças na loja de departamentos.	**Depâto de o-miyage o kaimasu.**
Eu vou beber chá preto na casa de chá.	**Kissaten de kô-cha o nomimasu.**
Eu vou ler o jornal na sala.	**Heya de shinbun o yomimasu.**

5. Eu não tomo café da manhã. **Asa-gohan wa tabemasen.**
   Eu não bebo café. **Kôhii wa nomimasen.**
   Eu não vou ficar em hotel. **Hoteru ni tomarimasen.**
   Eu não vou voltar à Tóquio. **Tôkyô e kaerimasen.**

B. Responda às seguintes perguntas usando as palavras indicadas.

1. **Anata wa doko e ikimasu ka?**
   (templo)____________________
2. **Depâto de nani o kaimasu ka?**
   (lembranças)____________________
3. **Nan-ji ni ban-gohan o tabemasu ka?**
   (6:30 da tarde)____________________
4. **Doko de shashin o mimasu ka?**
   (museu de arte)____________________
5. **Hoteru ni tomarimasu ka?**
   Iie,____________________
6. **Heya de o-cha o nomimasu ka?**
   Iie,____________________

RESPOSTAS:

B.

1. **O-tera e ikimasu.**
2. **O-miyage o kaimasu.**
3. **Gogo roku-ji-han ni tabemasu.**
4. **Bijutsu-kan de mimasu.**
5. **Iie, tomarimasen.**
6. **Iie, nomimasen.**

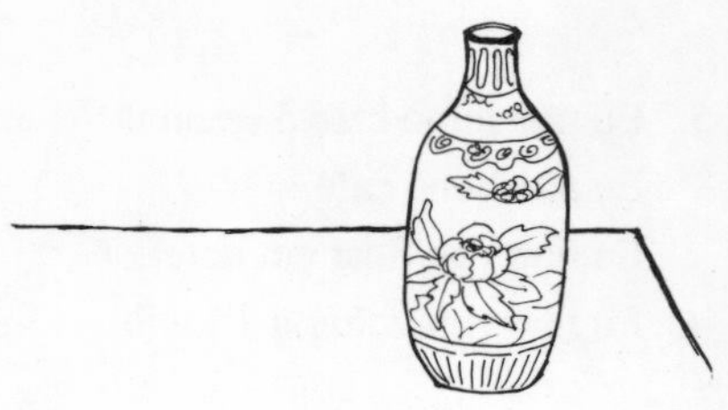

14 Quanto custa este vaso?

VOCABULÁRIO: Decore estas palavras e pronuncie-as claramente em voz alta. Passe então ao diálogo.

Irasshaimase.	Bem-vindo. (para saudar clientes entrando em uma loja, hotel, etc., e também para dar boas-vindas a hóspedes/convidados)
kabin	vaso
misete kudasai	mostre (-me), por favor
miseru	mostrar
kudasai	por favor; dê (-me), por favor
aoi	azul
aoi-no[1]	o azul
ôkii	grande
chotto	um pouco
motto	mais
chiisai-no	o pequeno
motto chiisai-no	o menor
ikaga	que tal
ikura	quanto custa
nana-sen-en	¥7.000

DIÁLOGO: Estude o seguinte diálogo. Pratique até que não mais seja necessário referir-se à parte em japonês.

VENDEDOR:	
Irasshaimase.	Seja bem-vindo.
FREGUÊS:	
Ano aoi kabin o misete kudasai.	Por favor, mostre (-me) aquele vaso azul.
VENDEDOR:	
Aoi-no[1] desu ka? Dôzo.	O azul? Por favor (aqui está).
FREGUÊS:	
Chotto ôkii desu ne. Motto chiisai-no o misete kudasai.	É um pouco grande (demais). Mostre-me um menor, por favor.
VENDEDOR:	
Kore wa ikaga desu ka?	Que tal este?
FREGUÊS:	
Kono kabin wa ikura desu ka?	Quanto custa este vaso?
VENDEDOR:	
Nana-sen-en desu.	São ¥7.000.
FREGUÊS:	
Kore o kudasai.	Por favor, dê-me este.

PONTOS A RECORDAR

1. **ADJETIVO/SUBSTANTIVO + no:** o/a ADJETIVO/SUBSTANTIVO

   No é adicionada a um adjetivo ou substantivo de forma a compor um pronome modificado.

   Exemplo: **Aoi-no o misete kudasai.** (Mostre-me o azul, por favor.)
   Chairo-no o kudasai. (Mostre-me um marrom, por favor.)

VOCABULÁRIO ADICIONAL: Decore estas palavras relacionadas a tempo e pronuncie-as claramente em voz alta. Passe então aos exercicios.

Moeda (-en)

jû-en	¥10	**kyû-hyaku-en**	¥900
go-jû-en	¥50	**sen-en**	¥1.000
hyaku-en	¥100	**sen-kyû-hyaku-en**	¥1.900
hyaku-go-jû-en	¥150	**ni-sen-en**	¥2.000
ni-hyako-en	¥200	**san-zen-en**	¥3.000
san-byaku-en	¥300	**yon-sen-en**	¥4.000
yon-hyaku-en	¥400	**go-sen-en**	¥5.000
go-hyaku-en	¥500	**roku-sen-en**	¥6.000
rop-pyaku-en	¥600	**has-sen-en**	¥8.000
nana-hyaku-en	¥700	**ichi-man-en**	¥10.000
hap-pyaku-en	¥800	**jû-man-en**	¥100.000

e	quadro	**kuroi**	preto
ningyô	boneca	**shiroi**	branco
omocha	brinquedo	**takai**	caro
chairo	marrom	**yasui**	barato
akai	vermelho		

EXERCÍCIOS:

A. Diga em voz alta as seguintes frases em japonês. Pratique até que não seja mais necessário referir-se à parte em japonês.

1.	Mostre-me aquele vaso, por favor.	**Ano kabin o misete kudasai.**
	Mostre-me aquela boneca, por favor.	**Ano ningyô o misete kudasai.**
	Mostre-me aquele brinquedo, por favor.	**Ano omocha o misete kudasai.**
	Mostre-me aquele quadro, por favor.	**Ano e o misete kudasai.**
2.	Mostre-me o pequeno, por favor.	**Chiisai-no o misete kudasai.**
	Mostre-me o vermelho, por favor.	**Akai-no o misete kudasai.**
	Mostre-me o preto, por favor.	**Kuroi-no o misete kudasai.**
	Mostre-me o marrom, por favor.	**Chairo-no o misete kudasai.**
3.	Mostre-me o menor, por favor.	**Motto chiisai-no o misete kudasai.**
	Mostre-me o maior, por favor.	**Motto ôkii-no o misete kudasai.**
	Mostre-me o menos caro, por favor.	**Motto yasui-no o misete.**
4.	Este é um pouco caro (demais).	**Kore wa chotto takai desu.**
	Este é meio pequeno. (demais).	**Kore wa chotto chiisai desu.**
	Este é meio grande.	**Kore wa chotto ôkii desu.**

5. Quanto custa este?	**Kore wa ikura desu ka?**
Quanto custa este vaso azul?	**Kono aoi kabin wa ikura desu ka?**
Quanto custa o branco?	**Shiroi-no wa ikura desu ka?**
Quanto custa o grande?	**Ôkii-no wa ikura desu ka?**
6. São ¥5.000.	**Go-sen-en desu.**
São ¥7.000.	**Nana-sen-en desu.**
São ¥1.800.	**Sen-hap-pyaku-en desu.**
São ¥950.	**Kyû-hyaku-go-jû-en desu.**
São ¥10.000.	**Ichi-man-en desu.**
7. Dê-me este vaso azul, por favor.	**Kono aoi kabin o kudasai.**
Dê-me o marrom, por favor.	**Chairo-no o kudasai.**
Dê-me o barato, por favor.	**Yasui-no o kudasai.**
Dê-me aquele pequeno, por favor.	**Ano chiisai-no o kudasai.**

B. Peça ao vendedor:

1. para mostrar-lhe aquela boneca
2. para mostrar-lhe um grande
3. para mostrar-lhe um mais caro
4. para dizer-lhe o preço desta boneca

RESPOSTAS:

B.

1. **Ano ningyô o misete kudasai.**
2. **Ôkii-no o misete kudasai.**
3. **Motto takai-no o misete kudasai.**
4. **Kono ningyô wa ikura desu ka?**

15 O que você fez ontem?

VOCABULÁRIO: Decore estas palavras e pronuncie-as claramente em voz alta. Passe então ao diálogo.

Murata	(um sobrenome)
Nara	(nome de cidade)
daibutsu	grande estátua de Buda
kenbutsu	turismo
kankô-basu	ônibus de turismo
kuruma	carro
shimashita[1] **(suru)**	pretérito de fazer
ikimashita (iku)	pretérito de ir
ni[2,3]	para (fazer); para (propósito)
mo[4]	também
torimashita (toru)	pretérito de tirar
torimasen deshita[5]	pretérito negativo de tirar

DIÁLOGO: Estude o seguinte diálogo. Pratique até que não mais seja necessário referir-se à parte em japonês.

HART:	
Kinô wa ii tenki deshita ne. Nani o shimashita[1] ka?	Ontem o tempo estava bom, né? O que você fez?
WRIGHT:	
Tomodachi to issho ni Nara e ikimashita.	Eu fui a Nara com meu amigo.
HART:	
Nani o shi ni[2] ikimashita ka?	O que vocês foram fazer?
WRIGHT:	
Kenbutsu ni[3] ikimashita.	Nós fomos fazer turismo.
HART:	
Kuruma de ikimashita ka?	Vocês foram de carro?
WRIGHT:	
Iie, kankô-basu de ikimashita.	Não, nós fomos de ônibus de turismo.
HART:	
Shashin o torimashita ka?	Você tirou fotografias?
WRIGHT:	
Hai, takusan torimashita.	Sim, tirei muitas.
HART:	
Daibutsu no shashin mo[4] torimashita ka?	Você também tirou fotografias da grande estátua de Buda?
WRIGHT:	
Iie, torimasen deshita.[5]	Não, não tirei.

PONTOS A RECORDAR

1. Para fazer o pretérito de um verbo, basta trocar a terminação **-masu** por **-mashita**.

   Exemplo: **Watashi wa o-miyage o kaimasu.**
   (Eu vou comprar uma lembrança.)
   Watashi wa o-miyage o kaimashita.
   (Eu comprei uma lembrança.)

2. **V(-masu) + ni + VERBO DE MOVIMENTO**: ir/vir/voltar a fazer

   Esta expressão, indicando propósito, é usada somente com verbos de movimento tais como ir, vir e voltar. **Ni** é adicionada ao verbo do qual a terminação **-masu** foi tirada.

   Exemplo: **Watashi wa eiga o mi ni ikimasu.** (Eu vou ver um filme.)

3. **SUBSTANTIVO + ni + VERBO DE MOVIMENTO:** ir/vir/voltar para SUBSTANTIVO

   Ni é adicionada a um substantivo de "atividade" tal como turismo ou almoço, e indica propósito.

   Exemplo: **Satô-san wa hiru-gohan ni ikimasu.**
   (O Sr. Satô vai almoçar.)
   Satô-san wa kenbutsu ni ikimasu.
   (O Sr. Satô vai fazer turismo.)

4. **SUBSTANTIVO + mo:** SUBSTANTIVO também

   Mo refere-se à palavra que a precede e significa "também". Esta partícula substitui **o** (indicador de objeto) e **wa** (indicador de sujeito ou tópico).

   Exemplo: **Hon o kaimashita. Kabin mo kaimashita.** (Comprei um livro. Comprei um vaso também.
   Chichi mo isha desu. (Meu pai também é médico.)

5. Para fazer o pretérito negativo de um verbo, basta trocar a terminação **-mashita** por **-masen deshita**.

   Exemplo: **Kôhii o nomimashita.** (Tomei café.)
   Kôhii o nomimasen deshita. (Não tomei café.)

VOCABULÁRIO ADICIONAL: Decore estas novas palavras e pronuncie-as claramente em voz alta. Passe então aos exercícios.

kesa	esta manhã
yûbe	ontem de noite
ototoi	anteontem
kyo-nen	ano passado
-nen	(sufixo usado para anos)
kudamono	fruta
o-kashi	doces
shokuji	refeição
keizai	economia
rekishi	história; histórico
jinja	santuário xintoísta
kôen	parque
sanpo	passeio

EXERCÍCIOS:

A. Diga em voz alta as seguintes frases em japonês. Pratique até que não seja mais necessário referir-se à parte em japonês.

1.	O que você fez ontem?	**Kinô nani o shimashita ka?**
	O que você viu ontem?	**Kinô nani o mimashita ka?**
	O que você comprou ontem?	**Kinô nani o kaimashita ka?**
	O que você bebeu ontem?	**Kinô nani o nomimashita ka?**
	O que você comeu ontem?	**Kinô nani o tabemashita ka?**
2.	Eu fui a Kyôto para ver templos budistas.	**Kyôto e o-tera o mi ni ikimashita.**
	Eu fui a Kyôto para comprar um livro de história.	**Kyôto e rekishi no hon o kai ni ikimashita.**
	Eu fui a Kyôto para jantar.	**Kyôto e shokuji ni ikimashita.**
	Eu fui a Kyôto para a exibição.	**Kyôto e tenran-kai ni ikimashita.**
	Fui fazer turismo em Kyôto.	**Kyôto e kenbutsu ni ikimashita.**
3.	No mês passado eu fui passear no parque.	**Sen-getsu kôen e sampo ni ikimashita.**
	Anteontem eu fui passear no parque.	**Ototoi kôen e sampo ni ikimashita.**
	Na semana passada eu fui passear no parque.	**Sen-shû kôen e sampo ni ikimashita.**
4.	Vi o santuário xintoísta.	**Jinja o mimashita.**
	Jantei em um restaurante.	**Resutoran de ban-gohan o tabemashita.**
	Comprei um livro de história.	**Rekishi no hon o kaimashita.**
	Tomei café na casa de chá.	**Kissaten de kôhii o nomimashita.**
	Fiz compras.	**Kaimono o shimashita.**

Fiz turismo.	**Kenbutsu o shimashita.**
5. Ontem de noite, fui deitar às 10:00 horas.	**Yûbe jû-ji ni nemashita.**
Semana passada, fui a Nara de ônibus de turismo.	**Sen-shû kankô-basu de Nara e ikimashita.**
Esta manhã, acordei às 6:00.	**Kesa roku-ji ni okimashita.**
Tirei fotos no ano passado.	**Kyo-nen shashin o torimashita.**
6. Eu vi um templo.	**O-tera o mimashita.**
Eu vi um santuário também.	**Jinja mo mimashita.**
Eu comi frutas.	**Kudamono o tabemashita.**
Eu comi doces também.	**O-kashi mo tabemashita.**
Eu li um livro de história.	**Rekishi no hon o yomimashita.**
Eu li um livro de economia também.	**Keizai no hon mo yomimashita.**
7. Eu tirei muitas fotos.	**Shashin o takusan torimashita.**
Eu vi muitos templos.	**O-tera o takusan mimashita.**
Comprei muitas lembranças.	**O-miyage o takusan kaimashita.**
8. Eu não voltei às 3:00 da tarde.	**Gogo san-ji ni kaerimasen deshita.**
Eu não vou pernoitar no hotel.	**Hoteru ni tomarimasen deshita.**
Eu não vou de táxi.	**Takushii de ikimasen deshita.**

B. Responda às seguintes peguntas usando as palavras indicadas.

1. **Kinô doko e ikimashita ka?**
   (Nara) ______________________________
2. **Kaimono o shimashita ka?**
   Iie, ______________________________

3. **Ototoi nani o shimashita ka?**
   (fui a Kyôto ver templos)____________________
4. **O-miyage o takusan kaimashita ka?**
   Hai,____________________
5. **Yûbe nani o shimashita ka?**
   (li um livro de economia)____________________
6. **Itsu shokuji ni ikimashita ka?**
   (semana passada)____________________
7. **Kissaten de kôhii o nomimashita ka?**
   Iie,____________________
8. **O-kashi o tabemashita ka?**
   Hai,____________________
9. **Kudamono mo tabemashita ka?**
   Hai,____________________
   Iie,____________________

RESPOSTAS:

B.

1. **Nara e ikimashita.**
2. **Iie, shimasen deshita.**
3. **Kyôto e o-tera o mi ni ikimashita.**
4. **Hai, takusan kaimashita.**
5. **Keizai no hon o yomimashita.**
6. **Sen-shû ikimashita.**
7. **Iie, nomimasen deshita. Kô-cha o nomimashita.**
8. **Hai, tabemashita.**
9. **Hai, kudamono mo tabemashita.**
   Iie, kudamono wa tabemasen deshita.

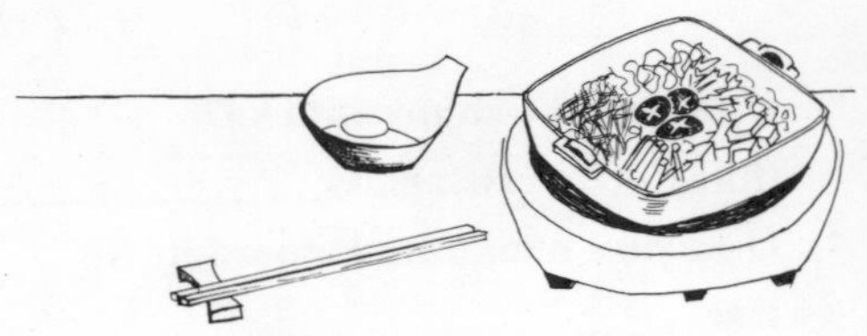

16 Você sabe fazer sukiyaki?

VOCABULÁRIO: Decore estas palavras e pronuncie-as claramente em voz alta. Passe então ao diálogo.

Fukuda	(um sobrenome)
ryôri	comida (cozinha)
sukiyaki	um prato japonês de carne, vegetais, coalhada de soja, etc.
o-sushi	arroz ao vinagre e peixe cru
tsukuru	fazer
dekimasu[1] **(dekiru)**	poder; ser capaz de; ser possível
dekimasen	não poder; não ser capaz de; não saber; não ser possível
jôzu	bem; talentoso
demo	mas

PONTOS A RECORDAR

1. **(SUBSTANTIVO + wa) + [ALGO] + ga dekimasu:** SUBSTANTIVO pode/sabe fazer [ALGO]

   Pode fazer é substituível por *pode jogar, falar, cozinhar,* etc.

   Exemplo: **Kâtâ-san wa Nihon-go ga dekimasu.** (O Sr. Carter sabe falar japonês. [*lit.*, Ao Sr. Carter, japonês é possível.])

   Note que **wa** (indicador de tópico) e **ga** (indicador de sujeito) podem ser usados na mesma frase.

DIÁLOGO: Estude o seguinte diálogo. Pratique até que não mais seja necessário referir-se à parte em japonês.

FUKUDA:
Anata wa ryôri ga dekimasu[1] ka? — Você é capaz de cozinhar? (*lit.*, Quanto a você, sabe cozinhar?)

OLSON:
Hai, dekimasu. — Sim, eu sei.

FUKUDA:
Sukiyaki o tsukuru-koto[2] ga dekimasu ka? — Você sabe fazer sukiyaki? (*lit.*, Dá para fazer sukiyaki?)

OLSON:
Iie, dekimasen. Resutoran de tabemasu. — Não, não sei. Como em restaurante.

FUKUDA:
O-sushi o tsukuru-koto wa? — E ... fazer sushi?

OLSON:
Dekimasu. Sen-shû gakkô de tsukurimashita. Demo, jôzu dewa arimasen. — Eu sei. Fizemos na escola na semana passada. Mas não sou bom nisso.

PONTOS A RECORDAR

2. **(SUBSTANTIVO + wa) + [VERBO + koto] + ga dekimasu:**
   SUBSTANTIVO pode/sabe fazer [INFINITIVO]

   Koto é usado para substantivar o verbo.

   Exemplo: **Tenpura o tsukuru-koto ga dekimasu.** (Eu posso fazer tenpura. [*lit.*, Para mim, fazer tenpura é possível.])

VOCABULÁRIO ADICIONAL: Decore estas novas palavras e pronuncie-as claramente em voz alta. Passe então aos exercícios.

hanasu	falar
oyogu	nadar
utau	cantar
oshieru	ensinar
kuru	vir
ei-go	língua inglesa
-go	(sufixo usado para línguas)
doitsu-go	língua alemã
furansu-go	língua francesa
nihon-go/nippon-go	língua japonesa
gorufu	golfe
tenisu	tênis
uta	canção
heta	mal; deficiente; sem habilidade

EXERCÍCIOS:

A. Diga em voz alta as seguintes frases em japonês. Pratique até que não seja mais necessário referir-se à parte em japonês.

1. Você pode cozinhar?	**Anata wa ryôri ga dekimasu ka?**
Você sabe jogar golfe?	**Anata wa gorufu ga dekimasu ka?**
Você sabe jogar tênis?	**Anata wa tenisu ga dekimasu ka?**
Você sabe falar inglês?	**Anata wa ei-go ga dekimasu ka?**

2. Você sabe fazer sushi? — **O-sushi o tsukuru-koto ga dekimasu ka?**

   Você pode ensinar inglês? — **Ei-go o oshieru-koto ga dekimasu ka?**

   Você pode vir amanhã? — **Ashita kuru-koto ga dekimasu ka?**

   Você sabe jogar golfe? — **Gorufu o suru-koto ga dekimasu ka?**

3. Não sei tocar piano. — **Watashi wa piano ga dekimasen.**

   Não sei falar francês. — **Watashi wa furansu-go ga dekimasen.**

   Não sei jogar tênis. — **Watashi wa tenisu ga dekimasen.**

   Não sei cantar. — **Watashi wa uta ga dekimasen.**

4. Eu não sei nadar. — **Oyogu-koto ga dekimasen.**

   Eu não sei cantar. — **Uta o utau-koto ga dekimasen.**

   Eu não sei ensinar japonês. — **Nihon-go o oshieru-koto ga dekimasen.**

5. A Srta. Satô joga golfe bem/mal. — **Satô-san wa gorufu ga jôzu/heta desu.**

   A Srta. Satô cozinha bem/mal. — **Satô-san wa ryôri ga jôzu/heta desu.**

   O alemão da Srta. Satô é bom/deficiente. — **Satô-san wa doitsu-go ga jôzu/heta desu.**

6. Não sei fazer sukiyaki bem.	**Watashi wa sukiyaki o tsukuru-koto ga jôzu dewa arimasen.**
Não sei falar japonês bem.	**Watashi wa nihon-go o hanasu-koto ga jôzu dewa arimasen.**
Não sei ensinar canto bem.	**Watashi wa uta o oshieru-koto ga jôzu dewa arimasen.**

B. Responda às seguintes perguntas usando as palavras indicadas.

1. **Anata wa ryôri ga dekimasu ka?**
   Hai, ________________________________
2. **Anata wa doitsu-go ga dekimasu ka?**
   Iie, ________________________________
3. **Piano ga dekimasu ka?**
   Hai, ________________. **(mal) Demo,** ________________
4. **Ei-go o oshieru-koto ga dekimasu ka?**
   Hai, ________________________________
5. **Sukiyaki o tsukuru-koto ga dekimasu ka?**
   Iie, ________________________________
6. **Tenisu ga dekimasu ka?**
   Hai, ________________. **(mal) Demo,** ________________

RESPOSTAS:

B.

1. **Hai, dekimasu.**
2. **Iie, dekimasen.**
3. **Hai, dekimasu. Demo, jôzu dewa arimasen.**
4. **Hai, dekimasu.**
5. **Iie, dekimasen.**
6. **Hai, dekimasu. Demo, heta desu.**

17 Você gosta de viajar?

VOCABULÁRIO: Decore estas palavras e pronuncie-as claramente em voz alta. Passe então ao diálogo.

Nakano	(um sobrenome)
tegami	carta
suki[1]	gostar
kakimashita (kaku)	escreveu (escrever)
to	e (usado para conectar dois substantivos)
ni[3]	a; para (indicador de objeto indireto)

DIÁLOGO: Estude o seguinte diálogo. Pratique até que não mais seja necessário referir-se à parte em japonês.

NAKANO:	
Anata wa ryokô ga suki[1] desu ka?	Você gosta de viajar?
GREEN:	
Hai, suki desu. Senshû, Kyôto to Nara e ikimashita.	Sim, gosto. Fui a Kyôto e Nara na semana passada.
NAKANO:	
Shashin o toru-no[2] ga suki desu ka?	Você gosta de tirar fotografias?
GREEN:	
Hai, suki desu.	Sim, eu gosto.
NAKANO:	
Amerika no tomodachi ni[3] tegami o kakimashita ka?	Você escreveu cartas para (seus) amigos nos Estados Unidos?
GREEN:	
Iie, tegami o kaku-no wa[4] suki dewa arimasen.	Não, eu não gosto de escrever cartas.

PONTOS A RECORDAR

1. **(SUBSTANTIVO + wa) + [ALGO] + ga suki desu:** SUBSTANTIVO gosta de [ALGO]
   Exemplo: **Haha wa hana ga suki desu.** (Minha mãe gosta de flores.)

2. **(SUBSTANTIVO + wa) + [VERBO + no] + ga suki desu:** SUBSTANTIVO gosta de [infinitivo]
   No é usada para substantivar o verbo.
   Exemplo: **Fukuda-san wa oyogu-no ga suki desu.**
   (O Sr. Fukuda gosta de nadar.)

Em vez de [VERBO + **no**], pode-se usar [VERBO + **koto**].

Exemplo: **Chichi wa tegami o kaku-no/kaku-koto ga suki desu.**
(Meu pai gosta de escrever cartas.)

3. **SUBSTANTIVO + ni:** A/PARA SUBSTANTIVO

Quando adicionada a um objeto indireto de um verbo, **ni** torna-se indicador de objeto indireto.

Exemplo: **Chichi ni tegami o kakimashita.**
(Escrevi uma carta para meu pai.)

4. A partícula **ga** é substituída por **wa** em frases negativas (refira-se à lição 10).

VOCABULÁRIO ADICIONAL: Decore estas novas palavras e pronuncie-as claramente em voz alta. Passe então aos exercícios.

atsumeru	colecionar
kitte	selo
dôbutsu	animal
tori	pássaro
umi	mar
yama	montanha
yama-nobori	escalar montanha
ongaku	música
aki	outono
fuyu	inverno
haru	primavera
natsu	verão

EXERCÍCIOS:

A. Diga em voz alta as seguintes frases em japonês. Pratique até que não seja mais necessário referir-se à parte em japonês.

1.	Você gosta de viajar?	**Anata wa ryokô ga suki desu ka?**
	Você gosta de música?	**Anata wa ongaku ga suki desu ka?**
	Você gosta de animais?	**Anata wa dôbutsu ga suki desu ka?**
	Você gosta de escalar montanhas?	**Anata wa yama-nobori ga suki desu ka?**
2.	Gosta de tirar fotografias?	**Shashin o toru-no ga suki desu ka?**
	Você gosta de nadar?	**Oyogu-no ga suki desu ka?**
	Gosta de escrever cartas?	**Tegami o kaku-no ga suki desu ka?**
	Você gosta de cantar?	**Uta o utau-no ga suki desu ka?**
3.	Eu gosto de pássaros.	**Watashi wa tori ga suki desu.**
	Eu gosto de montanhas.	**Watashi wa yama ga suki desu.**
	Gosto de primavera e outono.	**Watashi wa haru to aki ga suki desu.**
4.	Eu gosto de colecionar selos.	**Kitte o atsumeru-no ga suki desu.**
	Eu gosto de ensinar tênis.	**Tenisu o oshieru-no ga suki desu.**
	Eu gosto de nadar no mar.	**Umi de oyogu-no ga suki desu.**

5. Eu não gosto de animais.	**Watashi wa dôbutsu wa suki dewa arimasen.**
Eu não gosto de mar.	**Watashi wa umi wa suki dewa arimasen.**
Não gosto de verão e inverno.	**Watashi wa natsu to fuyu wa suki dewa arimasen.**
6. Eu não gosto de pernoitar em hotéis.	**Hoteru ni tomaru-no wa suki dewa arimasen.**
Eu não gosto de vir aqui.	**Koko e kuru-no wa suki dewa arimasen.**
Eu não gosto de ler livros.	**Hon o yomu-no wa suki dewa arimasen.**

B. Responda às seguintes peguntas usando as palavras indicadas.

1. **Anata wa umi ga suki desu ka?**
   Hai, ______________________________
2. **Tori ga suki desu ka?**
   Iie, ______________________________
3. **Kitte o atsumeru-no ga suki desu ka?**
   Hai, ______________________________
4. **Tenisu o oshieru-no ga suki desu ka?**
   Iie, ______________________________

C. Diga que você gosta do seguinte:

1. viagens
2. música
3. primavera e outono
4. nadar no mar
5. falar japonês

D. Diga que você não gosta do seguinte:

1. escalar montanhas
2. animais
3. verão e inverno
4. cantar canções
5. escrever cartas

RESPOSTAS:

B.

1. **Hai, umi ga suki desu.**
2. **Iie, tori wa suki dewa arimasen.**
3. **Hai, kitte o atsumeru-no ga suki desu.**
4. **Iie, tenisu o oshieru-no wa suki dewa arimasen.**

C.

1. **Ryokô ga suki desu.**
2. **Ongaku ga suki desu.**
3. **Haru to aki ga suki desu.**
4. **Umi de oyogu-no ga suki desu.**
5. **Nihon-go o hanasu-no ga suki desu.**

D.

1. **Yama-nobori wa suki dewa arimasen.**
2. **Dôbutsu wa suki dewa arimasen.**
3. **Natsu to fuyu wa suki dewa arimasen.**
4. **Uta o utau-no wa suki dewa arimasen.**
5. **Tegami o kaku-no wa suki dewa arimasen.**

18 Aonde você quer ir?

VOCABULÁRIO: Decore estas palavras e pronuncie-as claramente em voz alta. Passe então ao diálogo.

Yasuda	(um sobrenome)
Atami	(famoso balneário de águas termais)
onsen	termas; águas termais
ryokan	hospedaria
shû-matsu	fim-de-semana
-matsu	fim de ~
benri	conveniente
iki-tai[1]	querer ir
-tai	(sufixo que significa "querer")
soshite	e; e então; também
dô	como
hô[2]	mais (comparativo); para o lado de (indicador de direção)

DIÁLOGO: Estude o seguinte diálogo. Pratique até que não mais seja necessário referir-se à parte em japonês.

YASUDA:

Anata wa shû-matsu ni doko e iki-tai[1] desu ka?

Aonde você quer ir no fim-de-semana?

COOPER:

Onsen e iki-tai desu. Soshite, Nihon no ryokan ni tomari-tai desu.

Quero ir a uma estação de termas. E quero pernoitar em uma hospedaria japonesa.

YASUDA:

Atami wa dô desu ka? Tôkyô kara chikai desu.

Que tal Atami? É perto (de) Tóquio.

COOPER:

Kuruma de iku-koto ga dekimasu ka?

Dá para ir de carro?

YASUDA:

Hai, dekimasu. Demo densha no hô[2] ga benri desu.

Sim, dá. Mas de trem é mais conveniente.

PONTOS A RECORDAR

1. **(SUBSTANTIVO + wa) + V-tai desu:** SUBSTANTIVO quer INFINITIVO
Para fazer a forma V-tai de qualquer verbo, basta mudar a terminação **-masu** por **-tai**.

Kai*masu* + *tai*	→	**kaitai** (querer comprar)
Shi*masu* + *tai*	→	**shitai** (querer fazer)

Exemplo: **Kuruma o kai-tai desu.** (Quero comprar um carro.)
Sashimi o tabe-tai desu. (Quero comer sashimi.)
Gorufu o shi-tai desu. (Quero jogar golfe.)

2. **(SUBSTANTIVO + no + hô) + ga + (ADJETIVO) desu:** SUBSTANTIVO é mais (ADJETIVO)
Esta construção é utilizada para comparar duas coisas.
Exemplo: **Hikôki no hô ga hayai desu.** (Avião é mais rápido.)

VOCABULÁRIO ADICIONAL: Decore estas novas palavras e pronuncie-as claramente em voz alta. Passe então aos exercícios.

bôshi	chapéu; boné
kutsu	sapatos
sêtâ	blusão
haku	calçar (sapatos)
kaburu	usar (chapéu)
kiru	vestir (blusão)
hiku	tocar (piano)
hayai	rápido
osoi	lento
kirei	bonito
raku	confortável
shizuka	quieto; tranqüilo

EXERCÍCIOS:

A. Diga em voz alta as seguintes frases em japonês. Pratique até que não seja mais necessário referir-se à parte em japonês.

1. O que você quer fazer?	**Anata wa nani o shi-tai desu ka?**
O que você quer comprar?	**Anata wa nani o kai-tai desu ka?**
O que você quer ler?	**Anata wa nani o yomi-tai desu ka?**
O que você quer beber?	**Anata wa nani o nomi-tai desu ka?**
O que você quer ver?	**Anata wa nani o mi-tai desu ka?**
2. Onde você quer ir?	**Doko e iki-tai desu ka?**
Onde você quer comer?	**Doko de tabe-tai desu ka?**
Onde você quer pernoitar?	**Doko ni tomari-tai desu ka?**
3. Eu quero jogar golfe.	**Gorufu o shi-tai desu.**
Eu quero tocar piano.	**Piano o hiki-tai desu.**
Eu quero vestir o blusão.	**Sêtâ o ki-tai desu.**
Eu quero calçar sapatos brancos.	**Shiroi kutsu o haki -tai desu.**
Eu quero usar o chapéu azul.	**Aoi bôshi o kaburi-tai desu.**
4. Trem é mais conveniente.	**Densha no hô ga benri desu.**
Avião é mais rápido.	**Hikô-ki no hô ga hayai desu.**
Navio é mais lento.	**Fune no hô ga osoi desu.**
Esta flor é mais bonita.	**Kono hana no hô ga kirei desu.**
Este quarto é mais tranqüilo.	**Kono heya no hô ga shizuka desu.**
Esta cadeira é mais confortável.	**Kono isu no hô ga raku desu.**

B. Responda às seguintes peguntas usando as palavras indicadas.

1. **Ashita doko e iki-tai desu ka?**
   (parque) ____________________
2. **Shû-matsu ni nani o shi-tai desu ka?**
   (fazer compras) ____________________
3. **Doko ni tomari-tai desu ka?**
   (hospedaria japonesa) ____________________
4. **Resutoran de nani o tabe-tai desu ka?**
   (sashimi e tenpura) ____________________
5. **Itsu onsen e iki-tai desu ka?**
   (sábado da próxima semana) ____________________
6. **Doko de shashin o tori-tai desu ka?**
   (Atami) ____________________
7. **Densha de ikimasu ka?**
   (mais conveniente) **Hai. Densha no hô ga** ____________________
8. **Hikô-ki de iki-tai desu ka?**
   (mais rápido) **Hai.** ____________________
9. **Fune de iki-tai desu ka?**
   (mais confortável) **Hai,** ____________________
10. **Kono heya de hon o yomi-tai desu ka?**
    (mais tranqüilo) **Hai.** ____________________

RESPOSTAS:

B.

1. **Kôen e iki-tai desu.**
2. **Kaimono ni iki-tai desu.**
3. **Nihon no ryokan ni tomari-tai desu.**
4. **Sashimi to tenpura o tabe-tai desu.**
5. **Rai-shû no Do-yôbi ni iki-tai desu.**
6. **Atami de tori-tai desu.**
7. **Hai. (Densha no hô ga) benri desu.**
8. **Hai. Hikô-ki no hô ga hayai desu.**
9. **Hai. Fune no hô ga raku desu.**
10. **Hai. Kono heya no hô ga shizuka desu.**

19 Que botão é este?

VOCABULÁRIO: Decore estas palavras e pronuncie-as claramente em voz alta. Passe então ao diálogo.

kippu	bilhete
jidô-hanbai-ki	máquina de vender
-ki	(sufixo usado para máquinas)
unchin-hyô	tabela de preço
hyô	tabela; lista
botan	botão
o-kane	dinheiro
dore*	qual deles
dono*	que; qual; quais
mazu	primeiro; em primeiro lugar; antes de tudo
ireru	inserir
osu	empurrar

* O pronome **dore** torna-se **dono** quando modifica o substantivo que segue.

DIÁLOGO: Estude o seguinte diálogo. Pratique até que não mais seja necessário referir-se à parte em japonês.

TURISTA:
Ôsaka-yuki no kippu o kudasai. — Dê-me um bilhete para Ôsaka, por favor.

VENDEDOR:
Jidô-hanbai-ki de katte kudasai. — Compre na máquina de vender, por favor.

* * *

TURISTA:
Are wa nan desu ka? — Que é aquilo?

YASUDA:
Unchin-hyô desu. — É a tabela de tarifas.

TURISTA:
Ôsaka wa dore desu ka? — Qual é a de Ôsaka?

YASUDA:
Are desu. Go-hyaku-jû-en desu. — Aquela. São ¥510.

TURISTA:
Dono botan desu ka? — Qual é o botão?

YASUDA:
Mazu, koko ni o-kane o irete kudasai. Sore-kara, kono botan o oshite kudasai. — Primeiro, ponha o dinheiro aqui, por favor. Então, aperte este botão, por favor.

PONTOS A RECORDAR

1. **V-te kudasai:** Faça ~, por favor.

   De certo modo, a forma **-te kudasai** equivale ao imperativo polido. Como passar os verbos a esta forma é explicado à página 120.

   Exemplo: **Ei-go de hanashite kudasai.** (Fale em inglês, por favor.)

2. **SUBSTANTIVO + ni hairimasu:** entrar em SUBSTANTIVO

   Ni aqui indica o local ao qual uma pessoa se muda, transfere, desloca.

   Exemplo: **Heya ni hairimashita.** (Entrei no quarto.)

VOCABULÁRIO ADICIONAL: Decore estas novas palavras e pronuncie-as claramente em voz alta. Passe então aos exercícios.

Ei-go de	em inglês (refira-se à lição 5, à página 39)
daigaku	universidade
jibiki	dicionário
michi	caminho; rua; avenida
mise	loja
uchi	casa; lar
katamichi	só de ida
ôfuku	ida e volta
mô ichido	mais uma vez
motto yukkuri	mais devagar
iu	dizer
matsu	esperar
tatsu	levantar
isogu	apressar
yobu	chamar
shinu	morrer
hairu	entrar
ni hairimasu[2]	entrar em (na sala)

DA FORMA V-TE

As formas **V-te** dos verbos são feitas conforme descrito a seguir.

VERBOS REGULARES (GRUPO 1)

1. Troque a terminação *-ku* por *-ite**.

Exemplo:	**ka***ku*	→	**ka***ite*	(escreva)

2. Troque a terminação *-gu* por *-ide*.

Exemplo:	**iso***gu*	→	**iso***ide*	(apresse-se)

3. Troque a terminação *-su* por *-shite*.

Exemplo:	**hana***su*	→	**hana***shite*	(fale)
	o*su*	→	**o***shite*	(empurre)

4. Troque a terminação *-bu, -mu e -nu* por *-nde*.

Exemplo:	**yo***bu*	→	**yo***nde*	(chame)
	no*mu*	→	**no***nde*	(beba)
	yo*mu*	→	**yo***nde*	(leia)
	shi*nu*	→	**shi***nde*	(morra)

5. Troque a terminação *-ru, -tsu e -(w)u* por *-tte*.

Exemplo:	**kae***ru*	→	**kae***tte*	(volte)
	hai*ru*	→	**hai***tte*	(entre)
	matsu	→	**ma***tte*	(espere)
	ta*tsu*	→	**ta***tte*	(levante-se)
	i*u*	→	**i***tte*	(diga)
	ka*u*	→	**ka***tte*	(compre)
Exemplo:	**i***ku**	→	**i***tte*	(vá)

*O verbo **iku** é uma exceção e, em vez de ficar *iite*, passa a *itte*.

VERBOS SEMI-REGULARES (GRUPO 2)

Troque a terminação *-ru* por ***-te***.

Exemplo:	**tabe***ru*	→	***tabete***	(coma)
	mi*ru*	→	**mi*te***	(veja)

VERBOS IRREGULARES (GRUPO 3)

Exemplo:	**kuru**	→	**kite**	(venha)
	suru	→	**shite**	(faça)

EXERCÍCIOS:

A. Diga em voz alta as seguintes frases em japonês. Pratique até que não seja mais necessário referir-se à parte em japonês.

1. Dê-me um bilhete para Ôsaka, por favor.	**Ôsaka-yuki no kippu o kudasai.**
Dê-me um bilhete de ida e volta.	**Ôfuku (-kippu) o kudasai.**
Dê-me um bilhete só de ida, por favor.	**Katamichi (-kippu) o kudasai.**
2. Escreva uma carta, por favor.	**Tegami o kaite kudasai.**
Apresse-se, por favor.	**Isoide kudasai.**
Aperte o botão, por favor.	**Botan o oshite kudasai.**
Chame o médico, por favor.	**Isha o yonde kudasai.**
Beba cerveja, por favor.	**Biiru o nonde kudasai.**
Leia esta revista, por favor.	**Kono zasshi o yonde kudasai.**
Volte para casa, por favor.	**Uchi e kaette kudasai.**
Entre na sala, por favor	**Heya ni haitte kudasai.**
Espere um pouco, por favor.	**Chotto matte kudasai.**

Levante-se, por favor.	**Tatte kudasai.**
Fale mais uma vez, por favor.	**Mô ichido itte kudasai.**
Compre uma lembrança, por favor.	**Yûbin-kyoku e itte kudasai.**
Coma o almoço, por favor.	**Hiru-gohan o tabete kudasai.**
Olhe a foto, por favor.	**Shashin o mite kudasai.**
Venha amanhã, por favor.	**Ashita kite kudasai.**
Faça turismo, por favor.	**Kenbutsu o shite kudasai.**
Fale em inglês, por favor.	**Ei-go de hanashite kudasai.**
Fale lentamente, por favor.	**Motto yukkuri hanashite kudasai.**

3. Que botão é este?	**Dono botan desu ka?**
Que universidade é esta?	**Dono daigaku desu ka?**
Que rua é esta?	**Dono michi desu ka?**
Que loja é esta?	**Dono mise desu ka?**

B. Preencha os espaços usando as palavras indicadas.

1. **Ôsaka-yuki no** ______________________ **o kudasai.** (bilhete)
2. ______________ **o** __________ (um bilhete de ida-e-volta, por favor)
3. **Are wa** ______________________ **desu ka?** (o que)
4. ______________________ **desu.** (tabela de tarifas)
5. **Kono botan o** ______________________. (aperte, por favor)
6. **Jidô-hanbai-ki de** ______________________. (compre, por favor)
7. **Koko de** ______________________. (coma, por favor)
8. **Kono hon o** ______________________. (leia, por favor)
9. **Ei-go de** ______________________. (fale, por favor)
10. **Kaimono o** ______________________. (faça, por favor)
11. **Dono** ______________________ **desu ka?** (rua)
12. **Dono** ______________________ **desu ka?** (dicionário)

C. Diga as seguintes frases em japonês.

1. Coloque o dinheiro aqui, por favor.
2. Vá ao aeroporto, por favor.
3. Venha à 1:30 da tarde, por favor.
4. Fale mais devagar, por favor.
5. Compre um bilhete só de ida, por favor.
6. Fale mais uma vez, por favor.
7. Espere um pouco, por favor.
8. Entre na sala de reunião, por favor.
9. Que casa é esta?
10. Que trem é este?
11. Que universidade é esta?
12. Que máquina de vender é esta?

RESPOSTAS:

B.

1. **kippu**
2. **Ôfuku o kudasai.**
3. **nan**
4. **Unchin-hyô**
5. **oshite kudasai.**
6. **katte kudasai.**
7. **tabete kudasai.**
8. **yonde kudasai.**
9. **hanashite kudasai.**
10. **shite kudasai.**
11. **michi**
12. **jibiki**

C.

1. **Koko ni o-kane o irete kudasai.**
2. **Kûkô e itte kudasai.**
3. **Gogo ichi-ji-han ni kite kudasai.**
4. **Motto yukkuri hanashite kudasai.**
5. **Katamichi o katte kudasai.**
6. **Mô ichido itte kudasai.**
7. **Chotto matte kudasai.**
8. **Kaigi-shitsu ni haitte kudasai.**
9. **Dono uchi desu ka?**
10. **Dono densha desu ka?**
11. **Dono daigaku desu ka?**
12. **Dono jidô-hanbai-ki desu ka?**

20 Vamos juntos?

VOCABULÁRIO: Decore estas palavras e pronuncie-as claramente em voz alta. Passe então ao diálogo.

Wada	(um sobrenome)
Hiru-san	Sr./Sra./Srta Hill
kon-ban	hoje à noite; esta noite
Moshi-moshi	Alô (ao telefone)
Jâ, mata. (mata)	Bem, tchau
shibaraku	muito tempo; há quanto tempo
hima	desocupado, com tempo livre
isogashii	ocupado, atarefado
subarashii	maravilhoso
ikimashô ka?[1] (iku)	Vamos? (ir para)
aimashô[1] (au)	vamos ver, encontrar
~ goro	aproximadamente (tempo)

PONTOS A RECORDAR

1. **V-mashô ka?** Vamos ~? (proposta)

   Para fazer a forma **V-mashô**, troque a terminação **-masu** para **-mashô**.
   Exemplo: **Issho ni terebi o mimashô ka?** (Vamos ver TV juntos?)

2. **V-mashô ka?** Vamos ~, (sugestão)
   Exemplo: **Eki de aimashô.** (Vamos encontrar-nos na estação.)

DIÁLOGO: Estude o seguinte diálogo. Pratique até que não mais seja necessário referir-se à parte em japonês.

WADA:

Moshi-moshi, Hiru-san desu ka? Wada desu.	Alô, Sr. Hill? É o Wada.

HILL:

Shibaraku desu ne.	Há quanto tempo, né?
O-genki desu ka?	Como vai você?

WADA:

Hai, arigatô, genki desu.	Sim, vou bem, obrigado.
Kon-ban isogashii desu ka?	Você está ocupado hoje à noite?

HILL:

Iie, hima desu.	Não, estou livre.

WADA:

Kabuki no kippu ga arimasu.	Tenho ingressos para o Kabuki.
Issho ni ikimashô ka?[1]	Vamos juntos?

HILL:

Subarashii desu ne! Iki-tai desu.	Que maravilha! Quero ir.

WADA:

Yo-ji goro Kabuki-za no mae de aimashô.[2]	Vamos nos encontrar pelas 4:00 na frente do Teatro de Kabuki.

HILL:

Hai. Jâ, mata.	Certo. Até mais.

VOCABULÁRIO ADICIONAL: Decore estas novas palavras e pronuncie-as claramente em voz alta. Passe então aos exercícios.

ageru	dar
akeru	abrir
tsukeru	ligar (a luz)
kesu	desligar (a luz)
yasumu	descansar
shôtai suru*	convidar
shôtai	convite
dentô	luz
mado	janela
pâtii	festa
terebi	televisão
hidoi	terrível
zannen	que chato; que péssimo

* O verbo **suru** pode combinar-se com vários substantivos, gerando novos verbos, os quais são classificados como verbos irregulares.

Exemplo: **ryokô suru** (viajar)

sotsugyô suru (graduar)

kekkon suru (casar)

EXERCÍCIOS:

A. Diga em voz alta as seguintes frases em japonês. Pratique até que não seja mais necessário referir-se à parte em japonês.

1. Vamos juntos?	**Issho ni ikimashô ka?**
Vamos assistir TV?	**Terebi o mimashô ka?**
Vamos dar este vaso para a Sra. Toda?	**Kabin o Toda-san ni agemashô ka?**
2. Abro a janela?	**Mado o akemashô ka?**
Ligo a luz?	**Dentô o tsukemashô ka?**
Desligo a luz?	**Dentô o keshimashô ka?**
Pego o quadro?	**Shashin o torimashô ka?**
3. Vamos visitar atrações turísticas.	**Kenbutsu ni ikimashô.**
Vamos convidar o Sr. Sato para a festa.	**Satô-san o pâtii ni shôtai shimashô.**
Pernoitemos neste hotel.	**Kono hoteru ni tomarimashô.**
Descansemos uns instantes.	**Shibaraku yasumimashô.**
Encontremo-nos na estação.	**Eki de aimashô.**
4. O que vamos beber?	**Nani o nomimashô ka?**
Onde vamos descansar?	**Doko de yasumimashô ka?**
Quando vamos nos ver?	**Itsu aimashô ka?**
A que horas vamos voltar?	**Nan-ji ni kaerimashô ka?**
5. Como vai você?	**O-genki desu ka?**
Bem, obrigado.	**Arigatô, genki desu.**
Há quanto tempo, né?	**Shibaraku desu ne.**
Até a próxima vez.	**Jâ, mata.**

6. Que maravilhoso, né? — **Subarashii desu ne.**
   Que terrível, não acha? — **Hidoi desu ne.**
   Que bom, não acha? — **Ii desu ne.**
   Que pena, né? — **Zannen desu ne.**

B. Diga as seguintes frases em japonês.

1. Vamos pernoitar em uma hospedaria japonesa?
2. Vamos a Nara ver a grande estátua de Buda?
3. Dou este livro para a Sra. Yamada?
4. Convido o Sr. Wada para almoçar?
5. Vamos tirar fotografias no templo.
6. Encontremo-nos na frente do cinema.
7. Há quanto tempo (que não nos vemos), né?
8. Que maravilhoso, né.
9. Que terrível, né?
10. Que pena, né?

RESPOSTAS:

B.

1. **Nihon no ryokan ni tomarimashô ka?**
2. **Nara e Daibutsu o mi ni ikimashô ka?**
3. **Yamada-san ni kono hon o agemashô ka?**
4. **Wada-san o hiru-gohan ni shôtai shimashô ka?**
5. **O-tera de shashin o torimashô.**
6. **Eiga-kan no mae de aimashô.**
7. **Shibaraku desu ne.**
8. **Subarashii desu ne.**
9. **Hidoi desu ne.**
10. **Zannen desu ne.**

21 Posso sentar-me aqui?

VOCABULÁRIO: Decore estas palavras e pronuncie-as claramente em voz alta. Passe então ao diálogo.

kakeru	sentar (-se)
kakete mo ii desu ka?[1]	Posso sentar-me?
suu	fumar
tsukimasu (tsuku)	chegar
~ ni[2] **tsukimasu**	chegar em
seki	assento
tabako	cigarro
kin'ensha	vaguão para não fumante
ê (informal)	sim

DIÁLOGO: Estude o seguinte diálogo. Pratique até que não mais seja necessário referir-se à parte em japonês.

AMERICANO: **Kono seki ni kakete[1] mo ii desu ka?**	Posso sentar-me neste assento?
JAPONÊS: **Ê, dôzo.**	Sim, por favor.
AMERICANO: **Kono densha wa nan-ji ni Tôkyô ni[2] tsukimasu ka?**	A que horas este trem chega em Tóquio?
JAPONÊS: **Gogo roku-ji goro tsukimasu.**	Chega cerca das 6:00 da tarde.
AMERICANO: **Koko de tabako o sutte mo ii desu ka?**	Pode-se fumar aqui?
JAPONÊS: **Iie, suwanai de[3] kudasai. Koko wa kin'ensha desu.**	Não, não fume, por favor. Este vagão é para não fumantes.

PONTOS A RECORDAR

1. **V-te mo ii desu ka?** Posso ~?/É possível fazer ~?
   Exemplo: **Kono hon o yonde mo ii desu ka?** (Posso ler este livro?)

2. **SUBSTANTIVO + ni tsukimasu:** chegar em/a SUBSTANTIVO
   A partícula **ni** também serve para indicar um ponto de chegada.
   Exemplo: **Tôkyô ni tsukimasu.** (Estamos chegando em Tóquio.)

3. **V-nai de kudasai**: Favor não fazer ~. (*lit*., Colabore não fazendo ~.)
   A maneira de fazer as formas **V-nai** é descrita à página 132.
   Exemplo: **Mado o akete/akenai de kudasai.**
   (Abra/Não abra a janela, por favor.)

VOCABULÁRIO ADICIONAL: Decore estas novas palavras e pronuncie-as claramente em voz alta. Passe então aos exercícios.

nugu	tirar (um casaco)
oku	deixar/colocar (bagagem)
tomeru	parar (o carro)
tsukau	usar
hashi	palitinhos
uwagi	jaqueta, casaco
nimotsu	bagagem
machiai-shitsu	sala de espera

DA FORMA V-NAI

Esta é a forma negativa dos vervos japoneses. As formas **V-nai** dos verbos são feitas das seguinte maneira:

VERBOS REGULARES (GRUPO 1)

Tire a terminação *-u*, e acrescente **a** mais **-nai**.

Exemplo:	**hanas***u*	+ a + **nai**	→	**hanasanai** (falar)
	ik*u*	+ a + **nai**	→	**ikanai** (ir)
	ka(w)*u*	+ a + **nai**	→	**kawanai** (comprar)
	mat*su*	+ a + **nai**	→	**matanai** (esperar)
	nug*u*	+ a + **nai**	→	**nuganai** (tirar)
	ok*u*	+ a + **nai**	→	**okanai** (colocar)
	os*u*	+ a + **nai**	→	**osanai** (empurrar)
	su(w)*u*	+ a + **nai**	→	**suwanai** (fumar)

VERBOS SEMI-REGULARES (GRUPO 2)

Tire a terminação *-ru* e acrescente **-nai.**

Exemplo:	**take***ru*	+ nai	→	**kakenai** (sentar)
	tabe*ru*	+ nai	→	**tabenai** (comer)
	tome*ru*	+ nai	→	**tomenai** (parar)

VERBOS IRREGULARES (GRUPO 3)

kuru	→	**konai** (vir)
suru	→	**shinai** (fazer)

EXERCÍCIOS:

A. Diga em voz alta as seguintes frases em japonês. Pratique até que não seja mais necessário referir-se à parte em japonês.

1. Posso sentar-me neste assento? — **Kono seki ni kakete mo ii desu ka?**

   Posso parar o carro aqui? — **Koko ni kuruma o tomete mo ii desu ka?**

Posso colocar/deixar a bagagem aqui?	**Koko ni nimotsu o oite mo ii desu ka?**
Posso esperar nesta sala?	**Heya de matte mo ii desu ka?**
Posso tirar a jaqueta?	**Uwagi o nuide mo ii desu ka?**
Posso fumar cigarro na sala de espera?	**Michiai-shitsu de tabako o sutte mo ii desu ka?**
Posso usar estes palitinhos?	**Kono hashi o tsukatte mo ii desu ka?**
2. Não se sente aqui, por favor.	**Koko ni kakenai de kudasai.**
Não pare o carro, por favor.	**Kuruma o tomenai de kudasai.**
Não ponha/deixe a bagagem aqui, por favor.	**Nimotsu o okanai de kudasai.**
Não espere aqui, por favor.	**Koko de matanai de kudasai.**
Não tire a jaqueta, por favor.	**Uwagi o nuganai de kudasai.**
Não fume, por favor.	**Tabako o suwanai de kudasai.**
Não vá ao banco, por favor.	**Ginkô e ikanai de kudasai.**
Não fale inglês, por favor.	**Ei-go de hanasanai de kudasai.**
Não compre lembranças, por favor.	**O-miyage o kawainai de kudasai.**
Não pressione este botão, por favor.	**Kono botan o osanai de kudasai.**
Não leia o jornal, por favor.	**Shinbun o yomanai de kudasai.**
Não tome café da manhã, por favor.	**Asa-gohan o tabenai de kudasai.**
Não faça compras, por favor.	**Kaimono o shinai de kudasai.**
Não venha hoje à noite, por favor.	**Kon-ban konai de kudasai.**

B. Responda às seguintes peguntas usando as palavras indicadas.

1. **Koko de tabako o sutte mo ii desu ka?**
   (Sim, à vontade) Ê,______________________________
2. **Uwagi o nuide mo ii desu ka?**
   (Sim, à vontade) Ê,______________________________
3. **Ei-go de hanashite mo ii desu ka?**
   Iie,______________________________________
4. **Kono botan o oshite mo ii desu ka?**
   Iie,______________________________________
5. **Koko ni nimotsu o oite mo ii desu ka?**
   Iie,______________________________________
6. **Kyô bijutsu-kan e itte mo ii desu ka?**
   Iie,______________________________________
7. **Koko ni kuruma o tomete mo ii desu ka?**
   Iie,______________________________________
8. **Ashita kaimono o shite mo ii desu ka?**
   Iie,______________________________________
9. **Kono heya de matte mo ii desu ka?**
   Iie,______________________________________
10. **Nichi-yôbi ni kite mo ii desu ka?**
    Iie,______________________________________

RESPOSTAS:

B.

1. **Ê, dozo.**
2. **Ê, dôzo.**
3. **Iie, hanasanai de kudasai.**
4. **Iie, osanai de kudasai.**
5. **Iie, okanai de kudasai.**
6. **Iie, ikanai de kudasai.**
7. **Iie, tomenai de kudasai.**
8. **Iie, shinai de kudasai.**
9. **Iie, matanai de kudasai.**
10. **Iie, konai de kudasai.**

22 Exercícios para revisão

As seguintes frases são abrangidas pelas Lições 13 a 21. Pratique os seguintes exercícios até que não seja mais necessário referir-se à parte em japonês.

1. Aonde você vai amanhã?	**Anata wa ashita doko e ikimasu ka?**
Vou a Kyôto.	**Kyôtô e ikimasu.**
2. A que horas você acorda?	**Nan-ji ni okimasu ka?**
Eu acordo às 6:20.	**Roku-ji ni-jup-pun ni okimasu.**
3. O que você vai fazer no museu de arte?	**Bijutsu-kan de nani o shimasu ka?**
Eu vou ver muitos quadros e fotografias.	**E to shashin o takusan mimasu.**
4. O que você vai comprar na loja de departamentos?	**Depâto de nani o kaimasu ka?**
Vou comprar uma boneca e um vaso.	**Ningyô to kabin o kaimasu.**
5. Vai comprar um blusão também?	**Sêtâ mo kaimasu ka?**
Não, não vou comprar um blusão.	**Iie, sêtâ wa kaimasen.**

6. Onde você bebe café?	**Doko de kôhii o nomimasu ka?**
Bebo em uma casa de chá.	**Kissaten de nomimasu.**
7. Você vai pernoitar em hotel?	**Hoteru ni tomarimasu ka?**
Não, eu não vou.	**Iie, tomarimasen.**
Eu vou pernoitar em uma hospedaria japonesa.	**Nihon no ryokan ni tomarimasu.**
8. Mostre-me aquele vaso azul, por favor.	**Ano aoi kabin o misete kudasai.**
9. Este é muito grande, não é?	**Kore wa chotto ôkii desu ne.**
Mostre-me um menor, por favor.	**Motto chiisai-no o misete kudasai.**
10. Quanto custa este branco?	**Shiroi-no wa ikura desu ka?**
São ¥9.500.	**Kyû-sen-go-hyaku-en desu.**
11. Dê-me o marrom, por favor.	**Chairo-no o kudasai.**
Certamente, senhor.	**Kashikomarimashita.**
12. O que você fez ontem?	**Kinô nani o shimashita ka?**
Fui a Nara em um ônibus de turismo.	**Kankô-basu de Nara e ikimashita.**
13. O que você foi fazer lá?	**Nani o shi ni ikimashita ka?**
Fui para tirar fotografias.	**Shashin o tori ni ikimashita.**
14. Comprei um livro de história.	**Watashi wa rekishi no hon o kaimashita.**
Comprei também um livro de economia.	**Keizai no hon mo kaimashita.**

15. Você sabe falar japonês? — **Anata wa nihon-go ga dekimasu ka?**

Sim, sei. Mas não muito bem. — **Hai, dekimasu. Demo, jôzu dewa arimasen.**

16. Você pode ensinar francês? — **Furansu-go o oshieru-koto ga dekimasu ka?**

Não, ensinar não posso. — **Iie, oshieru-koto ga dekimasen.**

17. Não sou bom no golfe. — **Watashi wa gorufu ga heta desu.**

Não sou bom para tirar fotografias. — **Watashi wa shashin o toru-koto ga heta desu.**

18. A Sra. Tanaka gosta de música. — **Tanaka-san wa ongaku ga suki desu.**

Ela não gosta de escalar montanhas. — **Yama-nobori wa suki dewa arimasen.**

19. O Sr. Sato gosta de nadar no mar. — **Satô-san wa umi de oyogu-no ga suki desu.**

Ele não gosta de escrever cartas. — **Tegami o kaku-no wa suki dewa arimasen.**

20. Aonde você quer ir neste fim-de-semana? — **Shû-matsu ni doko e iki-tai desu ka?**

Quero ir para as termas com minha mãe. — **Haha to issho ni onsen e iki-tai desu.**

21. Você quer ir de avião? — **Hikô-ki de iki-tai desu ka?**

É, avião é mais rápido. — **Hai, hikô-ki no hô ga hayai desu.**

22. O que você quer comer no restaurante?	**Resutoran de nani o tabe-tai desu ka?**
Eu quero comer sashimi e tenpura.	**Sashimi to tenpura o tabe-tai desu.**
23. O que você que ver em Kyoto?	**Kyôto de nani o mi-tai desu ka?**
Quero ver templos budistas e santuários xintoístas.	**O-tera to jinja o mi-tai desu.**
24. Dê-me um bilhete de ida-e--volta, por favor.	**Ôfuku-kippu o kudasai.**
Fale uma vez mais, por favor.	**Mô ichido itte kudasai.**
Venha amanhã, por favor.	**Ashita kite kudasai.**
Ponha o dinheiro aqui, por favor.	**Koko ni o-kane o irete kudasai.**
Olhe na tabela de tarifas, por favor.	**Unchin-hyô o mite kudasai.**
25. Compre na máquina de vender, por favor.	**Jidô-hanbai-ki de katte kudasai.**
Qual máquina de vender?	**Dono jidô-hanbai-ki desu ka?**
26. O que vamos beber?	**Nani o nomimashô ka?**
Bebamos cerveja.	**Biiru o nomimashô.**
27. Há quanto tempo que não nos vemos/falamos, né?	**Shibaraku desu ne.**
Como você vai?	**O-genki desu ka?**
Bem, obrigado.	**Arigatô. Genki desu.**
28. Vamos ir ver um Kabuki hoje de noite?	**Kon-ban Kabuki o mi ni ikimashô ka?**
Que idéia maravilhosa!	**Subarashii desu ne.**

29. Abro a janela? — **Mado o akemashô ka?**

    Sim, abra por favor. — **Ê, akete kudasai.**
    ou Por favor. — *ou* **O-negai shimasu.**

30. Pode-se fumar aqui? — **Koko de tabako o sutte mo ii desu ka?**

    Sim, por favor (à vontade). — **Ê, dôzo.**

31. Posso falar em inglês? — **Ei-go de hanashite mo ii desu ka?**

    Não, não fale em inglês, por favor. — **Iie, ei-go de hanasanai de kudasai.**

Apêndice 1

Conjugação

Todos os verbos usados neste livro encontram-se listados abaixo. Os verbos no "infinitivo" (como aparecem no dicionário) são apresentados com um hífen separando o radical da terminação.

GRUPO 1 (VERBOS REGULARES)

Infinitivo	*V-masu*	*V-te*	*V-nai*	*Significado*
ar-u	**arimasu**	**atte**	**nai***	**existir****
a(w)-u	**aimasu**	**atte**	**awanai**	**encontrar**
hair-u	**hairimasu**	**haitte**	**hairanai**	**entrar**
hak-u	**hakimasu**	**haite**	**hakanai**	**vestir**
hanas-u	**hanashimasu**	**hanashite**	**hanasanai**	**falar**
hik-u	**hikimasu**	**hiite**	**hikanai**	**tocar**
ik-u	**ikimasu**	**itte***	**ikanai**	**ir**
isog-u	**isogimasu**	**isoide**	**isoganai**	**apressar-se**
i(w)-u	**iimasu**	**itte**	**iwanai**	**dizer**
kabur-u	**kaburimasu**	**kabutte**	**kaburanai**	**vestir**
kaer-u	**kaerimasu**	**kaette**	**kaeranai**	**retornar**
kak-u	**kakimasu**	**kaite**	**kakanai**	**escrever**
ka(w)-u	**kaimasu**	**katte**	**kawanai**	**comprar**
kes-u	**keshimasu**	**keshite**	**kesanai**	**desligar**
mats-u	**machimasu**	**matte**	**matanai**	**esperar**
nom-u	**nomimasu**	**nonde**	**nomanai**	**beber**

* Exceção: **ar-u** → **nai** (e não *aranai*); **ik-u** → **itte** (e não *iite*)

** "Existir/ter/estar/haver", para objetos inanimados → **aru**;
e, "existir/ter/estar/haver", para objetos animados → **iru**.

nug-u	**nugimasu**	**nuide**	**nuganai**	**tirar**
ok-u	**okimasu**	**oite**	**okanai**	**pôr**
os-u	**oshimasu**	**oshite**	**osanai**	**empurrar**
oyog-u	**oyogimasu**	**oyoide**	**oyoganai**	**nadar**
shin-u	**shinimasu**	**shinde**	**shinanai**	**morrer**
su(w)-u	**suimasu**	**sutte**	**suwanai**	**fumar**
tats-u	**tachimasu**	**tatte**	**tatanai**	**levantar**
tomar-u	**tomarimasu**	**tomatte**	**tomaranai**	**pernoitar**
tor-u	**torimasu**	**totte**	**toranai**	**pegar**
tsuka(w)-u	**tsukaimasu**	**tsukatte**	**tsukawanai**	**usar**
tsuk-u	**tsukimasu**	**tsuite**	**tsukanai**	**chegar**
tsukur-u	**tsukurimasu**	**tsukutte**	**tsukuranai**	**fazer**
uta(w)-u	**utaimasu**	**utatte**	**utawanai**	**cantar**
yasum-u	**yasumimasu**	**yasunde**	**yasumanai**	**descansar**
yob-u	**yobimasu**	**yonde**	**yobanai**	**chamar**
yom-u	**yomimasu**	**yonde**	**yomanai**	**ler**

GRUPO 2 (VERBOS SEMI-REGULARES)

Infinitivo	*V-masu*	*V-te*	*V-nai*	*Significado*
age-ru	**agemasu**	**agete**	**agenai**	**dar**
ake-ru	**akemasu**	**akete**	**akenai**	**abrir**
atsume-ru	**atsumemasu**	**atsumete**	**atsumenai**	**colecionar**
deki-ru	**dekimasu**	**dekite**	**dekinai**	**dar para**
ire-ru	**iremasu**	**irete**	**irenai**	**colocar**
i-ru	**imasu**	**ite**	**inai**	**existir****
kake-ru	**kakemasu**	**kakete**	**kakenai**	**sentar**
ki-ru	**kimasu**	**kite**	**kinai**	**vestir**
mi-ru	**mimasu**	**mite**	**minai**	**ver**
mise-ru	**misemasu**	**misete**	**misenai**	**mostrar**
ne-ru	**nemasu**	**nete**	**nenai**	**dormir**
oki-ru	**okimasu**	**okite**	**okinai**	**acordar**
oshie-ru	**oshiemasu**	**oshiete**	**oshienai**	**ensinar**
tabe-ru	**tabemasu**	**tabete**	**tabenai**	**comer**
tome-ru	**tomemasu**	**tomete**	**tomenai**	**parar**
tsuke-ru	**tsukemasu**	**tsukete**	**tsukenai**	**ligar**

GRUPO 3 (VERBOS REGULARES)

Infinitivo	*V-masu*	*V-te*	*V-nai*	*Significado*
kuru	**kimasu**	**kite**	**konai**	**vir**
suru	**shimasu**	**shite**	**shinai**	**fazer**
kekkon suru	**kekkon shimasu**	**kekkon shite**	**kekkon shinai**	**casar**
ryokô suru	**ryokô shimasu**	**ryokô shite**	**ryokô shinai**	**viajar**
shôtai suru	**shôtai shimasu**	**shôtai shite**	**shôtai shinai**	**convidar**
sotsugyô suru	**sotsugyô shimasu**	**sotsugyô shite**	**sotsugyô shinai**	**formar-se**

Apêndice 2
Partículas

As partículas japonesas são utilizadas para indicar o relacionamento da(s) palavra(s) que as precedem com a palavra seguinte ou com o restante da frase. Todas as partículas usadas neste livro estão listadas abaixo em ordem alfabética.

DE

1. **SUBSTANTIVO + de:** de/por meio de SUBSTANTIVO

   De é utilizada para indicar um instrumento ou meio.

   Exemplo: **Takushii de jû-go-fun gurai desu.**
   São cerca de 15 minutos de táxi. (Lição 5)
   Ei-go de hanashite kudasai.
   Fale em inglês, por favor. (Lição 19)

2. **SUBSTANTIVO + de:** a/em SUBSTANTIVO

   De é, neste caso, associada a um substantivo relativo a local, para indicar o lugar onde uma ação ocorre.

   Exemplo: **Heya de tabemasu.**
   Como no quarto/na sala.

E

SUBSTANTIVO + e: a/para SUBSTANTIVO

E é utilizada para indicar direção.

Exemplo: **Watashi wa Kyôto/ginkô e ikimasu.**
Vou a Kyôto/ao banco.

GA

SUBSTANTIVO + ga

Ga é uma partícula que indica que o substantivo que a precede é o sujeito da frase.

Exemplo: **Resutoran ga arimasu.**
Tem um restaurante. (Lição 9)

Wa também é uma partícula que indica o sujeito da frase, mas **ga** indica que o sujeito que a precede é o tópico da frase, ao passo que **wa** poderia ser traduzido como "a respeito de ~", "quanto a ~" ou "em relação a ~".

Exemplo: **Hon ga arimasu.**
Tem um livro.
Hon wa watashi no (hon) desu.
Quanto ao livro, é meu. (Lição 9)

GURAI

NÚMERO + gurai

Gurai, quando acrescentada a um número, indica quantidade aproximada.

Exemplo: **Jû-go-fun gurai desu.**
São cerca de 15 minutos. (Lição 5)

KA

FRASE + ka

Usada como ponto de interrogação, a partícula **ka** transforma a frase numa pergunta, quando acrescentada a seu final.

Exemplo: **Ano hito wa dare desu ka?**
Quem é aquela pessoa? (Lição 1)

KARA

SUBSTANTIVO + kara: de SUBSTANTIVO

A partícula **kara** é empregada para indicar um ponto de partida no tempo ou no espaço.

Exemplo: **Tôkyô kara Ôsaka made san-jikan desu.**
De Tóquio a Ôsaka leva 3 horas.
Kaisha wa ku-ji kara desu.
O expediente da companhia começa às 9:00. (Lição 5)

MADE

SUBSTANTIVO + made: a/até SUBSTANTIVO

A partícula **made** é empregada para indicar um ponto terminal no tempo ou no espaço.

Exemplo: **Tôkyô eki made desu.**
Até a estação de Tóquio. (Lição 2)
Kaisha wa go-ji made desu.
O expediente da companhia é até as 5:00.
Kaigi wa gozen hachi-ji kara ku-ji made desu.
A conferência será das 8:00 às 9:00 da manhã. (Lição 5)

MO

SUBSTANTIVO + mo: SUBSTANTIVO também

A partícula **mo** refere-se à palavra que a precede e significa que esta também está incluída na ação. Esta partícula é usada no lugar do indicador de objeto **o** e do indicador de tópico ou sujeito **wa**.

Exemplo: **Hon o kaimashita. Kabin mo kaimashita.**
Comprei um livro. Comprei um vaso também.
Chichi mo isha desu.
Meu pai também é médico. (Lição 15)

NE

FRASE + ne

Ne significa "não é" e é utilizada em japonês tal como se usa a contração "né" no final de uma frase em português.

Exemplo: **Hikari desu ne.**
O Hikari, né? (Lição 4)

NI

1. **SUBSTANTIVO + ni:** em/sobre/a SUBSTANTIVO

   Ni, quando somada a um substantivo, indica a localização de alguma coisa.

   Exemplo: **Hoteru ni kamera-ya ga arimasu.**
   Tem uma loja de material fotográfico no hotel. (Lição 9)

2. **SUBSTANTIVO + ni:** a/em SUBSTANTIVO

Ni, quando somada a um substantivo relativo a tempo, indica um ponto no tempo.

Exemplo: **Hachi-ji ni ikimasu./Do-yôbi ni kaerimasu.**
Irei às 8:00 horas./Voltarei no sábado. (Lição 13)

3. **SUBSTANTIVO + ni:** a/para SUBSTANTIVO

Ni também serve simplesmente para indicar o objeto indireto.

Exemplo: **Tomodachi ni tegami o kakimashita.**
Escrevi uma carta para meu amigo. (Lição 17)

4a. **V(-masu) + ni + VERBO DE AÇÃO:** ir/vir/voltar a fazer

Esta expressão é utilizada somente com verbos de ação como ir, vir e retornar, e indica propósito. **Ni** é somada a um verbo do qual a terminação ***-masu*** é retirada.

Exemplo: **Watashi wa eiga o mi ni ikimasu.**
Vou assistir um filme. (Lição 15)

4b. **SUBSTANTIVO + ni + VERBO DE AÇÃO:** ir/vir/voltar a SUBSTANTIVO

Ni, somada a um substantivo que indica atividade, tal como passeio turístico, almoço, etc., indica propósito.

Exemplo: **Satô-san wa hiru-gohan/kenbutsu ni ikimasu.**
O Sr. Satô foi almoçar/fazer turismo. (Lição 15)

5. **SUBSTANTIVO + ni tsukimasu:** chegar a/em SUBSTANTIVO

Ni é usada para indicar um ponto de chegada.

Exemplo: **Watashi wa Tôkyô ni tsukimasu.**
Eu vou chegar em Tóquio. (Lição 21)

6. **SUBSTANTIVO + ni hairimasu:** entrar em/a SUBSTANTIVO

Ni é usada para indicar o local no qual uma pessoa entra.

Exemplo: **Heya ni hairimashita.**
Entrei no quarto. (Lição 19)

NO

1. **SUBSTANTIVO (A) + no + SUBSTANTIVO (B):** SUBSTANTIVO (B) de SUBSTANTIVO (A)

   [SUBSTANTIVO (A) + **no**] modifica SUBSTANTIVO (B).

   Exemplo: **Asahi Shinbun no kisha**
   Repórter do jornal Asahi (Lição 1)

   Quando SUBSTANTIVO (A) é uma pessoa, SUBSTANTIVO (A) + **no** indica seu possessivo, ou seja, meu, teu, seu, dela, do Sr. X, etc.

   Exemplo: **Kyô wa Yamada-san no tanjô-bi desu.**
   Hoje é o aniversário do Sr. Yamada. (Lição 6)

2. **ADJETIVO/SUBSTANTIVO + no:** O/A SUBSTANTIVO/ADJETIVO

   No é somada a um adjetivo ou substantivo para transformá-lo em um pronome.

   Exemplo: **Aoi-no o misete kudasai.**
   Mostre-me o azul, por favor.
   Chairo-no o kudasai.
   Dê-me o marrom, por favor. (Lição 14)

3. **(SUBSTANTIVO + wa) + [VERBO + no] + ga suki desu:** SUBSTANTIVO gosta de [INFINITIVO]

   No serve para fixar o verbo como infinitivo.

   Exemplo: **Fukuda-san wa oyogu-no ga suki desu.**
   O Sr. Fukuda gosta de nadar. (Lição 17)

   É conveniente lembrar que também se pode usar **koto** em vez de **no**.

   Exemplo: **Chichi wa tegami o kaku-no/kaku-koto ga suki desu.**
   Meu pai gosta de escrever cartas. (Lição 17)

O

SUBSTANTIVO + o shimasu: fazer/fará SUBSTANTIVO

O é um indicador de objeto que é somado ao substantivo, objeto direto de um verbo.

Exemplo: **Hon o yomimasu.**
Eu leio livros. (Lição 13)

TO

1. **SUBSTANTIVO + to issho:** junto com SUBSTANTIVO

   Exemplo: **Tanaka-san to issho desu.**
   Estarei junto com o Sr. Tanaka. (Lição 8)

2. **SUBSTANTIVO + to + SUBSTANTIVO:** SUBSTANTIVO e SUBSTANTIVO

   To é usada para conectar dois substantivos.

   Exemplo: **Nara to Kyôto e ikimashita.**
   Fui a Nara e Kyôto. (Lição 17)

WA

1. **SUBSTANTIVO + wa:** a respeito de SUBSTANTIVO

   Wa é um indicador de tópico (ou sujeito) de uma frase. Um tópico pode ser qualquer coisa, uma pessoa, uma coisa ou o tempo, que vem no início da sentença. Este tópico é, então, seguido por **wa**.

   Exemplo: **Ano hito wa kisha desu.**
   Aquela pessoa é repórter. (Lição 1)

2. **SUBSTANTIVO + wa arimasen/imasen:** não há/não tem SUBSTANTIVO

   Wa é frequentemente usada em sentenças negativas, para contrastar uma idéia negativa com uma positiva.

   Exemplo: **Haizara ga arimasu. Matchi wa arimasen.**
   Tem cinzeiros. [Mas] Não tem fósforos. (Lição 10)
   Onna no hito wa imasen.
   Não há mulheres. (Lição 11)
   Watashi wa uta o utau-no wa suki dewa arimasen.
   Não gosto de cantar. (Lição 17)

3a. **Wa** (indicador de tópico) e **ga** (indicador de sujeito) podem ser usados na mesma frase.

   (SUBSTANTIVO + wa) + [ALGO] + ga dekimasu: SUBSTANTIVO pode fazer [ALGO]

   Exemplo: **Kâtâ-san wa nihon-go ga dekimasu.**
   O Sr. Carter sabe japonês. (*lit.*, A respeito do Sr. Carter, japonês é possível.) (Lição 16)

3b. **(SUBSTANTIVO + wa) + [ALGO] + ga suki desu:** SUBSTANTIVO gosta de [ALGO]

Exemplo: **Haha wa hana ga suki desu.**
Minha mãe gosta de flores. (Lição 17)

Observar que quando o sujeito coincide como sendo o tópico, wa é usada. Refira-se ao primeiro item que trata desta partícula (**wa, 1**).

YO

FRASE + yo

Yo é uma partícula usada no final de uma frase para transmitir certeza, com a conotação de "eu garanto".

Exemplo: **Asoko desu yo.**
É lá, com certeza. (Lição 4)

Apêndice 3
Sufixos de contagem

A maneira de contar objetos na língua japonesa é muito peculiar. Para contar, os sufixos que devem ser utilizados dependem dos objetos a serem contados. Além dos mencionados neste livro, ainda há muitos outros sufixos. Alguns dos mais comuns são os apresentados na lista a seguir.

	Longos	*Encadernados*	*Planos*	*Calçados*
1	**ip-pon**	**is-satsu**	**ichi-mai**	**is-soku**
2	**ni-hon**	**ni-satsu**	**ni-mai**	**ni-soku**
3	**san-bon**	**san-satsu**	**san-mai**	**san-zoku**
4	**yon-hon/ shi-hon**	**yon-satsu**	**yo-mai/ yon-mai**	**yon-soku**
5	**go-hon**	**go-satsu**	**go-mai**	**go-soku**
6	**rop-pon**	**roku-satsu**	**roku-mai**	**roku-soku**
7	**shichi-hon/ nana-hon**	**shichi-satsu/ nana-satsu**	**shichi-mai/ nana-mai**	**shichi-soku/ nana-soku**
8	**hachi-hon/**	**has-satsu**	**hachi-mai**	**has-soku**
9	**kyû-hon**	**kyû-satsu**	**kyû-mai**	**kyû-soku**
10	**jup-pon/ jip-pon**	**jus-satsu/ jis-satsu**	**jû-mai**	**jus-soku/ jis-soku**

Exemplos:

1. **Enpitsu ga nan-bon arimasu ka?**
   Quantos lápis tem?
   Go-hon arimasu.
   Tem cinco.

2. **Hon ga nan-satsu arimasu ka?**
   Quantos livros tem?
   Kyû-satsu arimasu.
   Tem nove.

3. **Kami ga nan-mai arimasu ka?**
   Quantas folhas de papel tem?
   Hachi-mai arimasu.
   Tem oito.

4. **Kutsu ga nan-zoku arimasu ka?**
   Quantos pares de sapato tem?
   Ni-soku arimasu.
   Tem dois pares.

Vocabulário

Aqui apresenta-se uma lista das palavras usadas neste livro. À direita encontra-se a referência da lição ou apêndice onde a palavra apareceu pela primeira vez. Os verbos são apresentados no "infinitivo", ou seja, como aparecem nos dicionários.

Japonês-Português

â	ah	L 3
Â, sô desu ka.	Ah é?/É assim?	L 3
ageru	dar	L 20
akai	vermelho	L 14
akeru	abrir	L 20
aki	outono	L 17
Amerika	Estados Unidos	L 1
amerika-jin	americano (pessoa)	L 2
amerika no kata	americano (polido)	L 2
anata	você	L 2
anata no	seu	L 6
ano	aquele	L 1
ano hito	aquela pessoa	L 1
aoi	azul	L 14
aoi-no	o azul	L 14
are	aquilo	L 2
Arigatô.	Obrigado.	L 3
aru	ter; existir; haver (objetos inanimados)	L 9

asa	manhã	L 13
asa-gohan	café da manhã	L 13
Asahi-Shinbun	Jornal Asahi	L 1
ashita	amanhã	L 6
asoko	lá	L 3
Atami	(famoso balneário)	L 18
atatakai	morno (agradável)	L 8
atsui	quente	L 8
atsumeru	colecionar	L 17
au	encontrar	L 20
ban	entardecer, noite	L 13
-ban	(sufixo usado para numeral ordinal)	L 4
ban-gohan	jantar, ceia	L 13
basu	ônibus	L 5
benri	conveniente	L 18
-bi	(sufixo usado para dias especiais. Quando acrescido a um nome, hi, significando "dia", muda para bi)	L 6
biiru	cerveja	L 9
bijutsu-kan	museu de arte	L 13
bôshi	chapéu; quepe	L 18
botan	botão	L 19
byôin	hospital	L 3
chairo	marron	L 14
chichi	(meu) pai	L 8
chiisai-no	o pequeno	L 14
chika	subsolo	L 9
chikai	próximo	L 5
chika-tetsu	metrô	L 5
chotto	um pouco	L 14
daibutsu	uma grande estátua do Buda	L 15
daigaku	faculdade; universidade	L 19

dare	quem	L 1
de	de; por meio de; com	L 5
	sobre; em (local)	L 13
dekiru	poder; ser possível; ser capaz	L 16
demo	mas	L 16
densha	trem	L 4
dentô	luz	L 20
denwa	telefone	L 3
depâto	loja de departamento	L 5
deshita	ser no pretérito	L 6
desu	ser no presente	L 1
dewa arimasen	não é; não sou; não são	L 7
dewa arimasen deshita	não era; não eram	L 7
dô	como	L 18
dôbutsu	animal	L 17
Dô-itashimashite.	Bem-vindo.	L 3
Doitsu	Alemanha	L 2
doitsu-go	língua alemã	L 16
doitsu-jin	alemão (pessoa)	L 2
doko	onde	L 2
Dômo arigatô.	Muito obrigado.	L 4
dono	que; qual	L 19
dore	qual	L 19
Do-yôbi	sábado	L 7
dôzo	por favor	L 1
Dôzo yoroshiku.	Prazer em conhecê-lo.	L 1
e	pintura	L 14
e	a; para (lugar)	L 13
ê	sim (informal)	L 21
ebi	camarão	L 9
eiga-kan	cinema	L 3
ei-go	língua inglesa	L 16
ei-go de	em inglês	L 16
eigyô-bu	departamento de vendas	L 11
eki	estação	L 2

-en	(sufixo usado para moeda corrente)	L	14
enpitsu	lápis	A	3
Fukuda	(um sobrenome)	L	16
-fun	(sufixo usado para minutos)	L	4
fune	navio	L	5
Furansu	França	L	2
furansu-go	língua francesa	L	16
furansu-jin	francês (pessoa)	L	2
futari	2 pessoas	L	11
futatsu	dois; duas	L	10
futsuka	dia dois	L	6
fuyu	inverno	L	17
ga	(indicador de sujeito)	L	9
gakkô	escola	L	3
-gatsu	(sufixo usado para os nomes dos meses)	L	8
genki	saudável; bem	L	1
-getsu	mês	L	8
getsu-yôbi	segunda-feira	L	8
ginkô	banco	L	2
go	5	L	4
-go	(sufixo usado para línguas)	L	16
Gochisô-sama deshita.	Estava delicioso.	L	1
go-gatsu	maio	L	8
gogo	após meio-dia (de tarde)	L	4
gohan	refeição; arroz cozido	L	13
go-jû	50	L	4
~ goro	por volta de ~ (hora aproximada)	L	20
gorufu	golfe	L	16
gozaimasu (polido)	existir; ter	L	9
gozen	antes do meio-dia (de manhã)	L	4
~ gurai	por volta de ~ (quantidade aproximada)	L	5

hachi	8	L 4
hachi-gatsu	agosto	L 8
hachi-jû	80	L 4
haha	(minha) mãe	L 8
hai	sim	L 1
hairu	entrar	L 19
haizara	cinzeiro	L 10
Hajimemashite.	Como vai?	L 1
Hakata-yuki	(trem) para Hakata	L 4
haku	calçar	L 18
hako	caixa	L 10
-han	meio (-hora); metade	L 4
hanasu	falar	L 16
hana-ya	loja de flores	L 3
haru	primavera	L 17
hashi	pauzinhos; palitinhos	L 21
hayai	rápido	L 18
heta	pobre; inexperiente	L 16
heya	quarto; sala	L 10
hidari	esquerda	L 3
hidoi	horrível	L 20
Hikari	(trem-bala superexpresso)	L 4
hikô-ki	avião	L 5
hiku	tocar (instrumento)	L 18
hima	livre (sem o que fazer)	L 20
hiru	meio-dia	L 13
hiru-gohan	almoço	L 13
Hiru-san	Sr./Sra./Srta. Hill	L 20
hisho	secretária	L 11
hito	pessoa	L 1
hitori	1 pessoa	L 11
	sozinho	L 8
hitotsu	um	L 10
hô	lado (para comparação)	L 18
hon	livro	L 3
-hon	(sufixo para contar objetos longos)	A 3

hon-ya	livraria	L 3
hoteru	hotel	L 2
hyaku	100	L 14
hyô	tabela; horário	L 19
ichi	1	L 4
ichi-gatsu	janeiro	L 8
ichi-man	10.000	L 14
Igirisu	Inglaterra	L 2
igirisu-jin	inglês (pessoa)	L 2
ii	bom	L 8
iie	não	L 2
ikaga	que tal	L 14
iku	ir	L 14
ikura	quanto custa	L 14
ikutsu	quantas (coisas)	L 10
ima	agora	L 4
Irasshaimase.	Seja bem-vindo.	L 14
ireru	insertar	L 19
iru	existir; ter (para objetos animados)	L 11
isha	médico	L 1
isogashii	ocupado	L 20
isogu	apressar	L 19
isu	cadeira	L 10
Itadakimasu.	Aceito.	L 1
itsu	quando	L 8
itsuka	dia cinco	L 6
itsutsu	cinco	L 10
iu	dizer	L 19
Jâ, mata.	Até logo.	L 20
-ji	(sufixo para horas exatas)	L 4
jibiki	dicionário	L 19
jidô-hanbai-ki	máquina de vender	L 19
-jikan	(sufixo usado para horas)	L 5
-jin	(sufixo usado para nacionalidades)	L 2

jinja	santuário xintoísta	L	15
jôzu	bom; experiente	L	16
jû	10	L	4
jû-gatsu	outubro	L	8
jû-ichi-gatsu	novembro	L	8
jû-ni-gatsu	dezembro	L	8
ka	(marca de interrogação)	L	1
kabin	vaso	L	14
Kabuki	tradicional drama japonês	L	2
Kabuki-za	teatro Kabuki	L	2
kaburu	usar (relativo a chapéu)	L	18
kaeru	voltar; retornar	L	13
-kai	(sufixo usado para andares)	L	9
kaigi	conferência	L	5
kaigi-shitsu	sala de conferência	L	10
kaimono	(fazer) compras	L	7
kaisha	empresa	L	5
kaisha-in	funcionário	L	1
kakeru	sentar	L	21
kaku	escrever	L	17
kamera-ya	loja de material fotográfico	L	9
kami	papel	A	3
kangofu	enfermeira	L	1
kankô-basu	ônibus de excursão	L	15
kara	de; a partir de	L	5
~ kara ~ made	de ~ para/até ~	L	5
Kashikomarimashita.	Certamente, Sr./Sra.	L	9
kata	pessoa (polido)	L	2
katamichi	percurso só de ida/volta	L	19
kâtâ-san	Sr./Sra./Srta. Carter	L	1
Katô	(nome de família)	L	8
kau	comprar	L	13
ka-yôbi	terça-feira	L	7
keizai	ciência da economia	L	15
kekkon-shiki	casamento	L	6
kekkon suru	casar	L	20

kenbutsu	excursão	L 15
kesa	esta manhã	L 15
kesu	apagar (a luz)	L 20
-ki	(sufixo usado para máquinas)	L 19
Kimura	(um sobrenome)	L 7
kin'ensha	carro de não fumantes	L 21
kinô	ontem	L 6
Kin-yôbi	sexta-feira	L 7
kippu	bilhete	L 19
kirei	bonito	L 18
kiru	vestir (um agasalho)	L 18
kisha	repórter	L 1
kissaten	casa de chá	L 13
kitte	selo	L 17
kô-cha	chá preto	L 13
kochira	essa pessoa/coisa	L 1
Kodama	(trem-bala expresso)	L 5
kôen	parque	L 15
kôhii	café	L 13
koko	aqui	L 3
kokonoka	dia nove	L 6
kokonotsu	nove	L 10
kon-ban	esta noite	L 20
Konbanwa.	Boa noite.	L 1
kon-getsu	este mês	L 8
Konnichiwa.	Bom dia/tarde.	L 1
kono	este	L 2
konsâto	concerto	L 5
kon-shû	esta semana	L 7
koppu	copo	L 10
kore	isto	L 2
ku	9	L 4
kudamono	fruta	L 15
kudasai	por favor; dê-me por favor	L 14
ku-gatsu	setembro	L 8
kûkô	aeroporto	L 2
kuroi	preto	L 14

kuru	vir	L 16
kuruma	carro	L 15
kutsu	sapato	L 18
kyô	hoje	L 6
kyo-nen	ano passado	L 15
Kyôto	(antiga capital do Japão)	L 13
kyû	9	L 4
kyû-jû	90	L 4
machiai-shitsu	sala de espera	L 21
made	até; para	L 2
mado	janela	L 20
mae	frente; em frente	L 3
maguro	atum	L 9
maguro no sashimi	atum cru fatiado	L 9
-mai	(sufixo usado para objetos retos)	A 3
mata	de novo	L 20
matchi	jogo; partida	L 10
matsu	esperar	L 19
-matsu	o fim de ~	L 18
mazu	primeiro; começar com	L 19
michi	estrada; rua	L 19
migi	direita	L 3
mikka	dia três	L 6
minna	tudo; todo	L 11
miru	ver; olhar	L 11
mise	loja	L 19
miseru	mostrar	L 14
misete kudasai	mostre por favor	L 14
mittsu	três	L 10
mo	também; além disso	L 15
mô ichido	mais uma vez	L 19
Moku-yôbi	quinta-feira	L 7
Moshi-moshi.	Alô.(no telefone)	L 20
motto	mais	L 14
motto chiisai-no	o menor	L 14

motto yukkuri	devagar; vagarosamente	L	19
muika	dia seis	L	6
Murata	(um sobrenome)	L	15
muttsu	seis	L	10
Nakano	(um sobrenome)	L	17
nana	7	L	4
nana-jû	70	L	4
nanatsu	sete	L	10
nan-ban-sen	qual plataforma	L	4
nan-bon	quantos (objetos longos)	A	3
nan(i)	o que/qual	L	2
nan-ji	que horas	L	4
nan-jikan	quantas horas	L	5
nan-mai	quantas (folhas)	A	3
nan-nichi	que dia (do mês)	L	6
nan-nin	quantas pessoas	L	11
nan no	que tipo de	L	9
nanoka	dia sete	L	6
nan-pun	quantos minutos	L	5
nan-satsu	quantos (volumes)	A	3
nan-yôbi	que dia da semana	L	7
nan-zoku	quantos (pares)	A	3
Nara	(nome de uma cidade)	L	15
natsu	verão	L	17
~ ne.	~ não é ?	L	4
-nen	(sufixo usado para anos)	L	15
neru	dormir; ir para a cama	L	13
ni	2	L	4
	para (fazer/propósito)	L	15
	sobre; dentro (lugar)	L	9
	~ a; em (tempo)	L	13
	a; para (indicador de objeto indireto)	L	13
ni hairu	entrar (em uma sala)	L	19
ni tsuku	chegar em	L	21
-nichi	(sufixo para dias do mês)	L	6

nichi-yôbi	domingo	L 7
ni-gatsu	fevereiro	L 8
Nihon	Japão	L 2
nihon-go	língua japonesa	L 16
nihon-jin	japonês (pessoa)	L 2
ni-jû	20	L 4
nimotsu	bagagem	L 21
-nin	(sufixo usado para pessoas)	L 11
ningyô	boneca	L 14
Nippon	Japão	L 2
nippon-go	língua japonesa	L 16
nippon-jin	japonês (pessoa)	L 2
no	de; para	L 1
~ no hidari	em/à esquerda de ~	L 3
~ no mae	em frente de ~	L 3
~ no migi	em/à direita de ~	L 3
~ no naka	dentro de ~	L 10
~ no ue	em cima de ~	L 10
~ no ushiro	atrás de ~	L 3
nomu	beber	L 13
nugu	tirar (uma vestimenta)	L 21
o	(indicador de objeto)	L 13
o-	(prefixo honorífico)	L 1
o-cha	chá verde	L 13
ôfuku	uma volta	L 19
O-genki desu ka?	Como vai?/Tudo bem?	L 1
Ohayô gozaimasu.	Bom dia.	L 1
o-kane	dinheiro	L 19
o-kâ-san	a mãe de alguém (polido)/ Mãe!	L 8
o-kashi	doces	L 15
ôkii	grande	L 14
okiru	levantar	L 13
oku	deixar/colocar (bagagem)	L 21
o-miyage	lembrança/presente	L 13
omocha	brinquedo	L 14

o-negai	pedido	L 9
O-negai shimasu.	Por favor. (*lit.* Eu faço um pedido)	L 9
ongaku	música	L 17
onna	mulher (pessoa)	L 11
onna no hito	uma mulher	L 11
o-nomimono	uma bebida	L 9
onsen	termas	L 11
Ôsaka	(nome de uma cidade)	L 5
Ôsaka-jô	castelo de Ôsaka	L 5
oshieru	ensinar	L 16
osoi	devagar	L 18
osu	empurrar	L 19
o-sushi	prato japônes feito com arroz avinagrado e peixe cru	L 16
Ôta	(um sobrenome)	L 10
o-tearai	banheiro	L 3
o-tera	templo budista	L 13
otoko	homem (pessoa)	L 11
otoko no hito	um homem	L 11
o-tô-san	pai de alguém (polido); Pai!	L 8
ototoi	anteontem	L 15
O-yasumi-nasai.	Boa noite.	L 1
oyogu	nadar	L 16
pan-ya	padaria	L 3
pâtii	festa	L 20
rai-getsu	próximo mês	L 8
rai-shû	próxima semana	L 7
raku	confortável	L 18
rekishi	história	L 15
resutoran	restaurante	L 9
ringo	maçã	L 10
roku	6	L 4
roku-gatsu	junho	L 8
roku-jû	60	L 4
ryokan	pousada/hospedaria	L 18

ryokô	viagem	L	8
ryokô-sha	agência de viagem	L	9
ryokô-suru	viajar	L	20
ryôri	cozinheiro	L	16
sake	vinho japônes feito de arroz	L	9
sakka	escritor	L	1
samui	frio	L	8
san	3	L	4
-san	(sufixo honorífico acrescido ao nome de uma pessoa)	L	1
san-gatsu	março	L	8
san-jû	30	L	4
sanpo	andar; engatinhar	L	15
sashimi	peixe cru fatiado	L	9
Satô	(nome de família)	L	1
-satsu	(contagem usada para objetos grandes)	A	3
Sayonara.	Adeus.	L	1
seki	assento	L	21
sen	1.000	L	14
-sen	(sufixo usado para linhas de trem)	L	4
sen-getsu	mês passado	L	8
sensei	professor	L	1
sen-shû	semana passada	L	7
sêtâ	agasalho	L	18
shashin	fotografia	L	9
shi	4	L	4
shibaraku	durante um tempo; há muito tempo	L	20
shichi	7	L	4
shichi-jû	70	L	4
shichi-gatsu	julho	L	8
shi-gatsu	abril	L	8
shiki	cerimônia	L	6
Shinkansen	Shinkansen (trem-bala)	L	4

shinu	morrer	L 19
shiroi	branco	L 14
Shitsurei shimasu/ shimashita.	Desculpe-me pelo inconveniente.	L 1
shizuka	quieto	L 18
shokuji	refeição; jantar	L 15
shôtai	convite	L 20
shôtai-suru	convidar	L 20
-shû	semana	L 7
shû-matsu	fim de semana	L 18
sôbetsu-kai	festa de despedida	L 7
sô desu	é; está certo	L 3
-soku	(para contar calçados)	A 3
sore-kara	depois disso; então	L 13
soshite	e; e então; também	L 18
sotsugyô-shiki	graduação	L 6
sotsugyô suru	graduar	L 20
subarashii	maravilhoso	L 20
sui-yôbi	quarta-feira	L 7
suki	gostar	L 17
sukiyaki	prato feito com vegetais, carne, broto de feijão	L 16
Sumimasen.	Com licença.	L 3
supôtsu	esporte	L 9
suru	fazer	L 13
suzushii	gelado	L 8
tabako	cigarro	L 21
taberu	comer	L 13
-tai	(sufixo que significa "querer ~")	L 18
taishi-kan	embaixada	L 2
takai	caro	L 14
takusan	muitos (pessoa/coisas)	L 11
takushii de	de táxi	L 5
takushii-noriba	parada de táxi	L 3
Tanaka	(um sobrenome)	L 6

tanjô-bi	aniversário	L	6
tatemono	construção	L	2
tatsu	apoiar	L	19
têburu	mesa	L	10
tegami	carta	L	17
Teikoku Hoteru	Hotel Imperial	L	2
tenisu	jogo de tênis	L	16
tenki	tempo	L	8
tenpura	prato japônes de empanados	L	9
tenran-kai	exibição	L	7
terebi	televisão	L	20
to	e	L	17
tô	dez	L	10
Toda-san	Sr./Sra./Srta. Toda	L	1
tôi	longe	L	5
to issho	junto com	L	8
tôka	dia dez	L	6
Tôkyô	(capital do Japão)	L	2
Tôkyô eki	estação de Tóquio	L	2
tomaru	hospedar	L	13
tomeru	parar (um carro)	L	21
tomodachi	amigo	L	8
tori	pássaro	L	17
toru	pegar	L	15
tosho-kan	biblioteca	L	5
tsugi	próximo	L	4
tsugi no densha	próximo trem	L	4
tsuitachi	dia primeiro	L	6
tsukau	usar	L	21
tsukeru	acender (a luz)	L	20
tsuku	chegar	L	21
tsukue	escrivaninha	L	10
tsukuru	fazer	L	16
uchi	casa; lar	L	19
umi	mar	L	17
unchin-hyô	tabela de tarifas	L	19

ushiro	atrás	L 3
uta	canção	L 16
utau	cantar	L 16
uwagi	jaqueta; casaco	L 21
wa	(marcação de um tópico)	L 1
Wada	(um sobrenome)	L 20
wain	vinho	L 9
wakai	jovem	L 11
warui	ruim	L 8
watashi	eu	L 2
-ya	(sufixo usado para lojas)	L 3
yama	montanha	L 17
yama-nobori	escalada	L 17
Yamada-san	Sr./Sra./Srta. Yamada	L 6
Yasuda	(um sobrenome)	L 18
yasui	barato	L 14
yasumi	feriado; dia livre	L 7
yasumu	descansar	L 20
yattsu	oito	L 10
~ yo	(partícula usada para enfatizar, significando "Eu garanto.")	L 4
-yôbi	(sufixo usado para os dias da semana)	L 7
yobu	chamar	L 19
yôka	dia oito	L 6
yokka	dia quatro	L 6
yomu	ler	L 13
yon	4	L 4
yon-jû	40	L 4
yottsu	quatro	L 10
yûbe	noite passada	L 15
yûbin-kyoku	correios	L 3
zannen	lamentável; uma pena	L 20
zasshi	revista	L 9

Português-Japonês

abril	**shi-gatsu**	L 8
abrir	**akeru**	L 20
acender (a luz)	**tsukeru**	L 20
Adeus.	**Sayonara.**	L 1
aeroporto	**kûkô**	L 2
agasalho	**sêtâ**	L 18
agência de viagem	**ryokô-sha**	L 9
agora	**ima**	L 4
agosto	**hachi-gatsu**	L 8
ah	**â**	L 3
Ah, sei./É mesmo?	**Â, sô desu ka?**	L 3
Alemanha	**Doitsu**	L 2
alemão (pessoa)	**doitsu-jin**	L 2
almoço	**hiru-gohan**	L 13
Alô.	**Moshi-moshi.(no telefone)**	L 20
amanhã	**ashita**	L 6
americano (pessoa)	**amerika-jin**	L 2
americano (polido)	**Amerika no kata**	L 2
amigo	**tomodachi**	L 8
andar; engatinhar	**sanpo**	L 15
animal	**dôbutsu**	L 17
aniversário	**tanjô-bi**	L 6
ano passado	**kyo-nen**	L 15
anteontem	**ototoi**	L 15
aonde	**doko**	L 2
apagar (a luz)	**kesu**	L 20
apoiar	**tatsu**	L 19
apressar	**isogu**	L 19
aquela pessoa	**ano hito**	L 1
aquele	**ano**	L 1
aqui	**koko**	L 3
aquilo	**are**	L 2
assento	**seki**	L 21
Atami (famoso balneário)	**Atami**	L 18

Até logo.	**Jâ, mata.**	L 20
atrás de ~	**~ no ushiro**	L 3
atrás	**ushiro**	L 3
atum cru fatiado	**maguro no sashimi**	L 9
atum	**maguro**	L 9
avião	**hikô-ki**	L 5
azul	**aoi**	L 14
bagagem	**nimotsu**	L 21
banco	**ginkô**	L 2
banheiro	**o-tearai**	L 3
barato	**yasui**	L 14
beber	**nomu**	L 13
bebida	**o-nomimono**	L 9
Bem vindo.	**Irasshaimase.**	L 14
biblioteca	**tosho-kan**	L 5
bilhete	**kippu**	L 19
Boa noite.	**Konbanwa.**	L 1
Boa noite.(despedida)	**O-yasumi-nasai.**	L 1
Bom dia.	**Ohayô gozaimasu.**	L 1
Bom dia/tarde.	**Konnichiwa.**	L 1
bom	**ii**	L 8
bom; experiente	**jôzu**	L 16
boneca	**ningyô**	L 14
bonito	**kirei**	L 18
botão	**botan**	L 19
branco	**shiroi**	L 14
brinquedo	**omocha**	L 14
cadeira	**isu**	L 10
café da manhã	**asa-gohan**	L 13
café	**kôhii**	L 13
caixa	**hako**	L 10
calçar	**haku**	L 18
camarão	**ebi**	L 9
canção	**uta**	L 16

cantar	**utau**	L 16
caro	**takai**	L 14
carro de não fumantes	**kin'ensha**	L 21
carro	**kuruma**	L 15
carta	**tegami**	L 17
casa de chá	**kissaten**	L 9
casa; lar	**uchi**	L 19
casamento	**kekkon-shiki**	L 6
casar	**kekkon suru**	L 20
castelo de Osaka	**Ôsaka-jô**	L 5
cem	**hyaku**	L 14
cerimônia	**shiki**	L 6
Certamente, Sr./Sra.	**Kashikomarimashita.**	L 9
cerveja	**biiru**	L 9
chá preto	**kô-cha**	L 13
chá verde	**o-cha**	L 13
chamar	**yobu**	L 19
chapéu; quepe	**bôshi**	L 18
chegar em	**ni tsuku**	L 21
chegar	**tsuku**	L 21
ciência da economia	**keizai**	L 15
cigarro	**tabako**	L 21
cinco (unidades)	**itsutsu**	L 10
cinco	**go**	L 4
cinema	**eiga-kan**	L 3
cinqüenta	**go-jû**	L 4
cinzeiro	**haizara**	L 10
colecionar	**atsumeru**	L 17
colocar (um chapéu)	**kaburu**	L 18
colocar em	**ireru**	L 19
colocar/deixar	**oku**	L 21
Com licença.	**Sumimasen.**	L 3
comer	**taberu**	L 13
como	**dô**	L 18
Como vai?	**Hajimemashite.**	L 1
Como vai?/Tudo bem?	**O-genki-desu ka?**	L 1

comprar	**kau**	L 13
concerto	**konsâto**	L 5
conferência	**kaigi**	L 5
confortável	**raku**	L 18
construção	**tatemono**	L 2
conveniente	**benri**	L 18
convidar	**shôtai suru**	L 20
convite	**shôtai**	L 20
copo	**koppu**	L 10
correios	**yûbin-kyoku**	L 3
cozinheiro	**ryôri**	L 16
dar	**ageru**	L 20
de ~ para/até ~	**~ kara ~ made**	L 5
de	**kara**	L 5
de	**no**	L 1
de noite; esta noite	**kon-ban**	L 20
de novo	**mata**	L 20
de tarde (depois do meio-dia)	**gogo**	L 4
de taxi	**takushii de**	L 5
de; em; com	**de**	L 5
departamento de vendas	**eigyô-bu**	L 11
depois disso; então	**sore-kara**	L 13
descansar	**yasumu**	L 20
Desculpe-me pelo inconveniente.	**Shitsurei shimasu/ shimashita.**	L 1
devagar	**osoi**	L 18
dez (unidades)	**tô**	L 10
dez	**jû**	L 4
dez mil	**ichi-man**	L 14
dezembro	**jû-ni-gatsu**	L 8
dia cinco	**itsuka**	L 6
dia dez	**tôka**	L 6
dia dois	**futsuka**	L 6
dia nove	**kokonoka**	L 6
dia oito	**yô-ka**	L 6

dia primeiro	**tsuitachi**	L 6
dia quatro	**yokka**	L 6
dia seis	**muika**	L 6
dia sete	**nanoka**	L 6
dia três	**mikka**	L 6
dicionário	**jibiki**	L 19
dinheiro	**o-kane**	L 19
direita	**migi**	L 3
dizer	**iu**	L 19
doces	**o-kashi**	L 15
dois (unidades)	**futatsu**	L 10
dois	**ni**	L 4
domingo	**nichi-yôbi**	L 7
dormir	**neru**	L 13
doutor	**isha**	L 1
duas pessoas	**futari**	L 11
e	**to**	L 17
e; e depois; além do mais	**soshite**	L 18
é; está certo	**sô desu**	l 3
é; sou; são	**desu**	L 1
em cima de ~	**~ no ue ni**	L 10
em frente de ~	**~ no mae**	L 3
em inglês	**Ei-go de**	L 19
em/à direita de ~	**~ no migi**	L 3
em/à esquerda de ~	**~ no hidari**	L 3
em/dentro ~	**~ no naka ni**	L 10
em; a partir de (tempo)	**ni**	L 13
em; no; na (lugar)	**de**	L 13
em; no; na; sobre (lugar)	**ni**	L 9
embaixada	**taishi-kan**	L 2
empresa	**kaisha**	L 5
empurrar	**osu**	L 19
encontrar	**au**	L 20
enfermeira	**kangofu**	L 1
ensinar	**oshieru**	L 16

entardecer; noite	**ban**	L 13
entrar em	**ni hairu**	L 19
entrar	**hairu**	L 19
era/eram	**deshita**	L 6
escalada	**yama-nobori**	L 17
escola	**gakkô**	L 3
escrever	**kaku**	L 17
escritor	**sakka**	L 1
escrivaninha	**tsukue**	L 10
esperar	**matsu**	L 19
esporte	**supôtsu**	L 9
esquerda	**hidari**	L 3
esta manhã	**kesa**	L 15
esta pessoa/coisa	**kochira**	L 1
esta semana	**kon-shû**	L 7
estação de Tóquio	**Tôkyô Eki**	L 2
estação	**eki**	L 2
Estados Unidos	**Amerika**	L 1
Estava delicioso.	**Gochisô-sama deshita.**	L 1
este aqui	**kore**	L 2
este mês	**kon-getsu**	L 8
estrada; rua	**michi**	L 19
Eu aceito.	**Itadakimasu.**	L 1
eu	**watashi**	L 2
excursão	**kenbutsu**	L 15
exibição	**tenran-kai**	L 7
existe; tem (objetos animados)	**iru**	L 11
existe; tem (objetos inanimados)	**aru**	L 9
existe; tem (polido; para objetos inanimados)	**gozaimasu**	L 9
faculdade; universidade	**daigaku**	L 19
falar	**hanasu**	L 16
fazer compras	**kaimono**	L 7
fazer	**suru**	L 13
fazer	**tsukuru**	L 16

feriado; dia livre	**yasumi**	L 7
festa de despedida	**sôbetsu-kai**	L 7
festa	**pâtii**	L 20
fevereiro	**ni-gatsu**	L 8
fim de semana	**shû-matsu**	L 18
fotografia	**sashin**	L 9
França	**Furansu**	L 2
francês	**furansu-jin**	L 2
frente; em frente	**mae**	L 3
frio	**samui**	L 8
fruta	**kudamono**	L 15
Fukuda (nome de família)	**Fukuda**	L 16
fumar	**suu**	L 21
funcionário	**kaisha-in**	L 1
gelado	**suzushii**	L 8
golfe	**gorufu**	L 16
gostar	**suki**	L 17
graduação	**sotsugyô-shiki**	L 6
graduar	**sotsugyô suru**	L 20
grande estátua de Buda	**daibutsu**	L 15
grande	**ôkii**	L 14
Hikari (nome de um trem bala)	**Hikari**	L 4
história	**rekishi**	L 15
hoje	**kyô**	L 6
homem (pessoa)	**otoko**	L 11
horário; tabela	**hyô**	L 19
horrível	**hidoi**	L 20
hospedar	**tomaru**	L 13
hospital	**byôin**	L 3
Hotel Imperial	**Teikoku Hoteru**	L 2
hotel	**hoteru**	L 2
Inglaterra	**Igirisu**	L 2
inglês (pessoa)	**igirisu-jin**	L 2

inverno	**fuyu**	L 17
ir	**iku**	L 13
ir	**kuru**	L 16
isto	**kono**	L 2
janeiro	**ichi-gatsu**	L 8
janela	**mado**	L 20
jantar; ceia	**ban-gohan**	L 13
Japão	**Nihon/Nippon**	L 2
japonês (pessoa)	**nihon-jin/nippon-jin**	L 2
jaqueta; casaco	**uwagi**	L 21
jogo de tênis	**tenisu**	L 16
jogo; partida	**matchi**	L 10
jornal Asahi	**Asahi Shinbun**	L 1
jovem	**wakai**	L 11
julho	**sichi-gatsu**	L 8
junho	**roku-gatsu**	L 8
junto com	**to issho**	L 8
Kabuki (tradicional drama japonês)	**Kabuki**	L 2
Katô (nome de família)	**Katô**	L 8
Kimura (nome de família)	**Kimura**	L 7
Kodama (nome de um trem bala)	**Kodama**	L 5
lado	**hô (usado em comparações)**	L 18
lamentável	**zannen**	L 20
lápis	**enpitsu**	A 3
lembrança; presente	**o-miyage**	L 13
lentamente	**motto yukkuri**	L 19
ler	**yomu**	L 13
levantar	**okiru**	L 13
língua alemã	**doitsu-go**	L 16
língua francesa	**furansu-go**	L 16
língua inglesa	**ei-go**	L 16

língua japonesa	**nihon-go/nippon-go**	L 16
livraria	**hon-ya**	L 3
livre (não está ocupado)	**hima**	L 20
livro	**hon**	L 3
loja de departamento	**depâto**	L 5
loja de flores	**hana-ya**	L 3
loja de fotografia	**kamera-ya**	L 9
loja	**mise**	L 19
longe	**tôi**	L 5
luz	**dentô**	L 20
maçã	**ringo**	L 10
mãe (de alguém) Mãe!	**o-kâ-san**	L 8
mãe (minha)	**haha**	L 8
maio	**go-gatsu**	L 8
mais	**motto**	L 14
mais uma vez	**mô ichido**	L 19
manhã (antes do meio-dia)	**gozen**	L 4
manhã	**asa**	L 13
mão única	**katamichi**	L 19
máquina de vendas	**jidô-hanbai-ki**	L 19
mar	**umi**	L 17
maravilhoso	**subarashii**	L 20
março	**san-gatsu**	L 8
marron	**chairo**	L 14
mas	**demo**	L 16
meia; metade	**-han**	L 4
meio-dia; manhã	**hiru**	L 13
mês	**-getsu**	L 8
mês passado	**sen-getsu**	L 8
mesa de refeição	**unchin-hyô**	L 19
mesa	**têburu**	L 10
metrô	**chika-tetsu**	L 5
mil	**sen**	L 14
montanha	**yama**	L 17
morno; agradável	**atatakai**	L 8

morrer	**shinu**	L 19
mostrar	**miseru**	L 14
Muito obrigado.	**Dômo arigatô.**	L 4
muitos (pessoas/coisas)	**takusan**	L 11
mulher (pessoa)	**onna**	L 11
Murata (nome de família)	**Murata**	L 15
museu de arte	**bijutsu-kan**	L 13
música	**ongaku**	L 17
nadar	**oyogu**	L 16
Nakano (nome de família)	**Nakano**	L 17
~ não é?	**~ ne.**	L 4
não é; não sou; não são	**dewa arimasen**	L 7
não era/não eram	**dewa arimasen deshita**	L 7
não	**iie**	L 2
Nara (nome de uma cidade)	**Nara**	L 15
navio	**fune**	L 5
noite passada	**yûbe**	L 15
nove (unidades)	**kokonotsu**	L 10
nove	**ku; kyû**	L 4
novembro	**jû-ichi-gatsu**	L 8
noventa	**kyû-jû**	L 4
o azul	**aoi-no**	L 14
o fim de ~	**-matsu**	L 18
o menor	**motto chiisai-no**	L 14
o pequeno	**chiisai-no**	L 14
o que	**nan(i)**	L 2
o-sushi	**(especialidade da cozinha japônesa feita de peixe cru e arroz avinagrado)**	L 16
Obrigado.	**Arigatô.**	L 3
ocupado	**isogashii**	L 20
oitenta	**hachi-jû**	L 4
oito (unidades)	**yattsu**	L 10
oito	**hachi**	L 4

ônibus	**basu**	L 5
ônibus de excursão	**kankô-basu**	L 15
ontem	**kinô**	L 6
Osaka (nome de uma cidade)	**Ôsaka**	L 5
Ota (nome de família)	**Ôta**	L 10
outono	**aki**	L 17
outubro	**jû-gatsu**	L 8
padaria	**pan-ya**	L 3
pai (meu)	**chichi**	L 8
pai de alguém; Pai!	**o-tô-san**	L 8
papel	**kami**	A 3
para (a propósito de)	**ni**	L 15
para (lugar)	**e**	L 13
para (lugar)	**made**	L 2
para lá	**asoko**	L 3
para	**ni**(referente a um objeto indireto)	L 17
parada de taxi	**takushii-noriba**	L 3
parar	**tomeru**	L 21
parque	**kôen**	L 15
partículas usadas para:		
dar ênfase (fim da frase)	**~ yo**	L 4
interrogação	**ka**	L 1
marcar o objeto	**o**	L 13
marcar o sujeito	**ga**	L 9
marcar um tópico	**wa**	L 1
pássaro	**tori**	L 17
pauzinhos	**hashi**	L 21
pedido	**o-negai**	L 9
pegar	**toru**	L 15
pequeno	**chotto**	L 14
perto	**chikai**	L 5
pessoa (polido)	**kata**	L 2
pessoa	**hito**	L 1
pintura	**e**	L 14
pobre; inexperiente	**heta**	L 16

poder; ser capaz	**dekiru**	L 16
Por favor. (lit., Eu faço um pedido)	**O-negai shimasu.**	L 9
por favor	**dôzo**	L 1
por favor mostre	**misete kudasai**	L 14
por favor; por favor dê-me	**kudasai**	L 14
por um tempo; por um longo tempo	**shibaraku**	L 20
por volta de ~ (quantidade)	**~ gurai**	L 5
por volta de ~ (tempo)	**~ goro**	L 20
pousada	**ryokan**	L 18
Prazer em conhecê-lo.	**Dôzo yoroshiku.**	L 1
prefixo honorífico	**o-**	L 1
preto	**kuroi**	L 14
primavera	**haru**	L 17
primeiro; começar com	**mazu**	L 19
professor	**sensei**	L 1
próxima semana	**rai-shû**	L 7
próximo mês	**rai-getsu**	L 8
próximo trem	**tsugi no densha**	L 4
próximo	**tsugi**	L 4
qual deles	**dore**	L 19
qual	**dono**	L 19
quando	**itsu**	L 8
quantas (páginas)	**nan-mai**	A 3
quantas coisas	**ikutsu**	L 10
quantas horas	**nan-jikan**	L 5
quantas pessoas	**nan-nin**	L 11
quanto custa	**ikura**	L 14
quantos (objetos longos)	**nan-bon**	A 3
quantos (pares)	**nan-zoku**	A 3
quantos (volumes)	**nan-satsu**	A 3
quantos minutos	**nan-pun**	L 5
quarenta	**yon-jû**	L 4
quarta-feira	**sui-yôbi**	L 7

quatro (unidades)	**yottsu**	L 10
quatro	**yon/shi**	L 4
que dia (da semana)	**nan-yôbi**	L 7
que dia (do mês)	**nan-nichi**	L 6
que horas	**nan-ji**	L 4
que linha (de trem)	**nan-ban-sen**	L 4
que tal	**ikaga**	L 14
que tipo	**nan no**	L 9
quem	**dare**	L 1
quente	**atsui**	L 8
quieto	**shizuka**	L 18
quinta-feira	**moku-yôbi**	L 7
rápido	**hayai**	L 18
refeição; arroz cozido	**gohan**	L 13
refeição; jantar	**shokuji**	L 15
repórter	**kisha**	L 1
restaurante	**resutoran**	L 9
revista	**zasshi**	L 9
ruim	**warui**	L 8
sábado	**do-yôbi**	L 7
sakê	**(vinho japônes feito de arroz)**	L 9
sala de conferência	**kaigi-shitsu**	L 10
sala de espera	**machiai-shitsu**	L 21
sala	**heya**	L 10
sapato	**kutsu**	L 18
sashimi (peixe cru fatiado)	**sashimi**	L 9
Sato (nome de família)	**Satô**	L 1
saudável; bem	**genki**	L 1
secretária	**hisho**	L 11
segunda-feira	**getsu-yôbi**	L 7
seis (unidades)	**muttsu**	L 10
seis	**roku**	L 4
Seja bem vindo.	**Dô-itashimashite.**	L 3
selo	**kitte**	L 17

semana	**-shû**	L	7
semana passada	**sen-shû**	L	7
sentar	**kakeru**	L	21
sessenta	**roku-jû**	L	4
sete (unidades)	**nanatsu**	L	10
sete	**shichi; nana**	L	4
setembro	**ku-gatsu**	L	8
setenta	**shichi-jû; nana-jû**	L	4
seu	**anata no**	L	6
sexta-feira	**kin-yôbi**	L	7
Shinkansen (trem bala)	**Shinkansen**	L	4
sim (informal)	**ê**	L	21
sim	**hai**	L	1
sozinho	**hitori**	L	8
Sr. Carter	**Kâtâ-san**	L	1
Sr./Sra./Srta. Hill	**Hiru-san**	L	20
Sr./Sra./Srta. Toda	**Toda-san**	L	1
Sr./Sra./Srta. Yamada	**Yamada-san**	L	6
subsolo	**chika**	L	9
sufixos usados para contagem:			
andares	**-kai**	L	9
calçados	**-soku**	A	3
dias do mês	**-nichi**	L	6
horas	**-jikan**	L	5
minutos	**-fun**	L	4
moeda corrente	**-en**	L	14
numerais ordinais	**-ban**	L	4
objetos grandes	**-satsu**	A	3
objetos longos	**-hon**	A	3
objetos retos	**-mai**	A	3
pessoas	**-nin**	L	11
sufixos usados para:			
anos	**-nen**	L	15
dias da semana	**-yôbi**	L	7
dias especiais	**-bi**	L	6
honorífico	**-san (acrescido a um nome)**	L	1
horas exatas	**-ji**	L	4

línguas	**-go**	L 16
linhas (de trem)	**-sen**	L 4
lojas	**-ya**	L 3
máquinas	**-ki**	L 19
mêses	**-gatsu**	L 8
nacionalidades	**-jin**	L 2
"querer"	**-tai**	L 18
sukiyaki de carnes, vegetais, broto	**(famoso prato japônes feito de feijão, etc.**	L 16
também; além disso	**mo**	L 15
Tanaka (nome de família)	**Tanaka**	L 6
teatro Kabuki	**Kabuki-za**	L 2
telefone	**denwa**	L 3
televisão	**terebi**	L 20
templo Budista	**o-tera**	L 13
templo xintoísta	**jinja**	L 15
tempo	**tenki**	L 8
tenpura	**(prato japônes de empanados)**	L 9
terça-feira	**ka-yôbi**	L 7
termas	**onsen**	L 18
tirar	**nugu**	L 21
tocar (um instrumento)	**hiku**	L 18
Tóquio	**(capital do Japão)**	L 2
trem-bala	**Shinkansen**	L 4
trem	**densha**	L 4
(trem) para Hakata	**Hakata-yuki**	L 4
três (unidades)	**mittsu**	L 10
três	**san**	L 4
trinta	**san-jû**	L 4
tudo/todo	**minna**	L 11
um	**ichi**	L 4
um (unidades)	**hitotsu**	L 10
um homem	**otoko no hito**	L 11

uma mulher	**onna no hito**	l 11
uma pessoa	**hitori**	L 11
usar	**tsukau**	L 21
vaso	**kabin**	L 14
ver, olhar	**miru**	L 13
verão	**natsu**	L 17
vermelho	**akai**	L 14
vestir (um agasalho)	**kiru**	L 18
viagem	**ryokô**	L 8
viajar	**ryokô suru**	L 20
vinho	**wain**	L 9
vinte	**ni-jû**	L 4
você	**anata**	L 2
volta completa	**ôfuku**	L 19
voltar	**kaeru**	L 13
Wada (nome de família)	**Wada**	L 20
Yasuda (nome de família)	**Yasuda**	L 18